KB053730

독해의 중요성

독해의 정의

글을 읽어 이해하는 것을 '독해'라고 합니다. 문자 언어로 되어 있는 정보를 읽고 이해하는 능력 없이는 어떤 학습도 제대로 해낼 수 없습니다. 독해는 모든 학습의 기초입니다.

독해의 과정

글의 내용을 이해하는 데에 그치지 않고 스스로 비판하며 읽는 능력을 키웁니다. 본 교재는 글을 읽고 내용을 파악하는 '사실적 읽기'에서, 이해한 내용으로 자신의 생각을 정립하는 '비판적 읽기'로 나아갑니다.

독해의 방법

초등학생 때에는 여러 장르의 글을 읽어 배경지식과 글 읽는 방법을 습득하는 것이 좋습니다. 본 교재는 설명하는 글, 생각을 나타내는 글, 인물 이야기, 시, 동화와 같이 다양한 글을 정확하게 이해하는 데에 중점을 두었습니다. 구체적으로는, 핵심어와 주제 찾기, 내용 파악, 요약하기 등이 있습니다. 이렇게 파악한 내용을 바탕으로, 앞뒤 내용을 살펴 추론하기, 감상, 적용 등 다양한 문제를 풀어 나갈 수 있습니다.

초등 국어
독해력 비타민의 특징

학습 단계를 학습자 수준에 맞게 선택할 수 있습니다.

본 교재는 모두 여섯 단계로 구성되었습니다. 각 학년의 교육 과정과 연계하여 만들었으므로 자신의 학년에 맞는 단계를 선택하는 것을 권장합니다. 그러나 어린이 학습 능력에 따라 단계를 달리 선택할 수 있습니다.

다양한 장르와 폭넓은 소재에 대한 적응력을 기릅니다.

종합적인 독해 능력 향상을 위해 문학과 비문학의 글을 고루 실었고, 그 내용도 문화, 정치, 역사, 예술, 사회, 경제, 과학, 인물 등 다양합니다.

독해 방법을 쉽게 배울 수 있습니다.

핵심어 찾기, 주제 파악하기, 제목 짓기, 글 구조 이해하기 등 다양한 문제를 풀면서 독해 능력을 기를 수 있습니다.

자기 주도 학습을 할 수 있습니다.

매회 틀린 문제를 확인할 수 있도록 '자기 주도 학습 점검표'를 만들어 두었습니다. 어린이 스스로 본인의 부족한 면을 점검할 수 있습니다.

능동적인 글 읽기를 할 수 있습니다.

독해의 목표는, 글쓴이가 무슨 의도로 글을 썼는지 이해하는 것에서 출발하여, 자신의 생각을 바로 세우거나 상상의 날개를 펼치는 것까지입니다. 본 교재는 이 모든 측면을 고려하여 만들었습니다.

배경지식을 넓힐 수 있습니다.

글에 대한 이해력뿐 아니라 풍부한 지식이 있어야 독해를 잘할 수 있습니다. 본 교재는 다양한 주제의 글을 실어 글의 이해와 함께 글과 관련한 여러 지식을 쌓을 수 있도록 돕습니다.

지도 방법 본 교재는 기본적으로 어린이가 스스로 공부할 수 있도록 구성하였습니다.
그러나 부모님이나 교사가 지도하신다면 다음을 참고하세요.

1. 글의 종류 및 난이도에 따라 제시문을 배치했습니다.
집중적인 학습을 원한다면 한 장르를 모두 끝내고 다음 장르로 넘어가세요.
다양한 글에 대한 적응력을 키우고자 한다면 순서에 상관없이 여러 장르를
번갈아 학습해도 좋습니다.

2. 출제 의도에 따른 [자기 주도 점검표]가 있습니다.
점검표에서 틀린 항목을 골라 그 출제 의도가 무엇인지 설명해 주세요.

출제 의도 문제마다 출제 의도를 밝혀 이해를 돕고 있습니다.
제시문의 특성에 맞게 문제 유형을 달리하여 독해의 방향을 제시하였습니다.
즉각적인 피드백을 통해 학생의 강점과 약점을 파악하여
독해 전략을 세우는 데에 길잡이가 됩니다.

다음은 본 교재에 나오는 [출제 의도]에 따른 문제 유형의 예입니다.

|핵심어| 글에서 가장 중요한 낱말.	|어휘| 글에 나온 낱말 뜻.
|제목| 글 전체를 대표하는 이름.	|인물| 등장인물에 대한 이해.
|주제| 글의 중심 생각.	|배경| 글의 바탕인 시간과 장소.
|요약| 글의 주요 내용을 정리.	|구조| 글의 짜임.
|줄거리| 글의 내용을 순서대로 정리.	|표현| 비유와 상징의 이해.
|적용| 글의 내용을 다른 상황에 대입.	|추론| 글의 내용을 바탕으로 그 안에 숨은 뜻을 추측.
|감상| 글의 심도 있는 이해와 평가.		

초등 국어 독해력 비타민의 구성

회차

제시문 순서에 따라 회차 번호만 있을 뿐 글의 종류나 제목을 표시하지 않았습니다.

학습자의 상상력을 자극하여 적극적으로 읽는 습관을 기르기 위함입니다.

1회

틀린 문제 유형에 표시하세요.

☐ 인물   ☐ 어휘   ☐ 내용 파악

여우가 길을 급히 달려가다가 발을 잘못 디뎌 그만 우물에 빠졌습니다. 우물이 깊지는 않았지만 혼자서 빠져나올 수는 없었습니다. 그때 마침 염소 한 마리가 옆을 지나다가 우물을 들여다보았습니다. 염소는 몹시 목이 말랐습니다. 그래서 우물 속에 빠진 여우에게 물었습니다.

"여우야, 물맛이 어때?"

"기가 막히게 좋아. 너도 어서 내려와 마셔 봐."

여우는 마침 잘됐다고 생각하며 거짓말을 했습니다. 염소는 ㉠ 여우의 말을 곧이듣고 우물 속으로 뛰어내렸습니다. 물을 실컷 마신 염소는 여우와 마찬가지로 혼자서는 올라갈 수가 없었습니다.

"이걸 어쩌지, 올라갈 수가 없잖아."

"염소야, 걱정할 것 없어. 네 앞발을 우물 벽에 대고 뿔을 위로 세워 봐. 그럼 내가 먼저 네 등을 밟고 올라가서 내 꼬리를 내려줄게. 너는 그것을 물고 올라오면 돼."

염소는 여우가 시키는 대로 했습니다. 여우는 염소의 등과 뿔을 밟고 우물 밖으로 쉽게 빠져나갔습니다.

"여우야, 나도 빨리 올려줘."

"바보 같은 소리 그만해. 너는 무거워서 내가 끌어올릴 수 없어."

염소는 기가 막혀서 큰 소리로 말했습니다.

"그런 법이 어디 있어? 약속은 지켜야 할 거 아냐?"

그러나 여우는 고개를 돌린 채 걸어가며 말했습니다.

"㉡ 염소야, 네 턱에 난 수염만큼이라도 꾀가 있었다면, 다시 나올 방법을 살펴본 다음에 우물에 뛰어들었을 거야!"

(이솝 우화)

제시문

다양한 장르와 폭넓은 소재로 구성하였습니다.

1 이 글에 등장하는 인물을 모두 쓰세요. | 인물 |

_____ , _____

2 밑줄 친 ㉠은 어떤 뜻으로 쓰였나요? | 어휘 |

① 여우가 하는 말을 따라 하며.

② 여우가 하는 말을 의심하며.

③ 여우가 하는 말을 꼼꼼하게 따져 보고.

④ 여우가 하는 말을 그대로 믿고.

⑤ 여우의 말이 거짓말인 줄 알면서도.

출제 의도

문제마다 출제 의도를 표시하였습니다.

크게 사실적 읽기와 비판적 읽기로

구성하였습니다.

3 다음 문장을 읽고, 맞는 것에 O, 틀린 것에는 X 하세요. | 내용 파악 |

① 여우는 염소를 골탕 먹이려고 일부러 우물에 뛰어들었다.   (   )

② 우물이 깊지 않아 여우는 혼자서 빠져나왔다.   (   )

③ 염소는 여우에게 속아 우물에 뛰어들었다.   (   )

④ 여우는 염소를 밟고 우물에서 빠져나왔다.   (   )

⑤ 여우는 우물 밖에서 염소를 끌어 올려 주었다.   (   )

배경지식

제시문을 이해하는 데 도움이 되는

지식, 제시문을 바탕으로 더 알아야

할 내용을 실었습니다.

'이솝'은 그리스의 작가입니다.

'우화'란 동물이나 식물이 주인공으로 등장하는 이야기입니다.

'이솝 우화'는 '이솝'이 쓴 '우화'를 말합니다.

비문학

문학

초등 국어 독해력 비타민과
함께 시작하는

나의 다짐

1 매일 꾸준히 풀자.

2 한 회를 풀더라도 제대로 풀자.

3 매회 풀고 나서 자기 주도 점검표를
반드시 확인하자.

완전개정판

초등국어

3단계

독해력은 모든 학습의 기초!

독해력 비타민

　　등대는 배에 길을 알려 주는 시설입니다. 낮에는 등대의 색깔로, 밤이 되면 불빛의 색으로 위험한 곳과 가야 할 길을 알려 줍니다. 등대는 배가 안전하게 다닐 수 있도록 섬이나 암초, 항구의 출입구 등을 가르쳐 줍니다. 또 ㉠ 안개가 낄 때에는 소리를 내기도 합니다.

　　낮에 보면 등대의 색깔이 다른 것을 볼 수 있습니다. 빨간색, 하얀색, 노란색 등 색깔이 다양합니다. 이렇게 색깔이 다른 까닭은, 등대 주변의 상황을 멀리에서도 알 수 있게 하기 위함입니다.

　　빨간색 등대는 바다에서 항구 쪽을 볼 때, 오른쪽에 장애물이 있으니 배는 왼쪽으로 다니라는 뜻으로 세웁니다. 하얀색 등대는 빨간색 등대와 반대 뜻을 지닙니다. 즉 왼쪽에 장애물이 있으니 등대의 오른쪽으로 다니라는 뜻입니다. 노란색 등대는 그 주변을 주의하라는 표시입니다. 시추선, 위험물, 방파제 등이 있거나 공사 중인 곳 주변에 설치합니다.

　　등대 색깔에 따라 불빛의 색깔도 다릅니다. 빨간색 등대는 빨간색, 노란색 등대는 노란색 불빛을 냅니다. 하지만 하얀색 등대는 초록색 불빛을 냅니다. 등대의 불빛은 배나 육지의 불빛과 헷갈리지 않게 하기 위해 등대의 역할에 맞추어 불빛의 색깔을 다르게 정하기도 합니다.

　　오늘도 등대는 배의 안전을 책임지고 각자의 자리에서 밝게 빛을 비추고 있습니다.

* 암초: 물속에 잠겨 보이지 않는 바위.
* 항구: 강가나 바닷가에 배가 안전하게 드나들도록 시설을 만들어 놓은 곳.
* 시추선: 바다 밑바닥에 구멍을 뚫어 석유가 있는지 알아보는 배.
* 방파제: 파도를 막기 위해 쌓은 둑. 바다의 센 물결을 막아서 항구를 보호한다.

1 빈칸에 알맞은 낱말을 넣어 이 글의 제목을 지어 보세요. | 제목 |

배를 안전하게 안내하는 ☐☐

2 이 글에 담기지 <u>않은</u> 내용은 무엇인가요? | 내용 파악 |

① 등대 색깔의 의미   ② 등대를 설치하는 까닭

③ 등대 색깔의 종류   ④ 등대의 불빛 색깔 종류

⑤ 등대의 크기

3 등대에 대한 설명으로 올바른 것을 찾으세요. | 내용 파악 |

① 바다에서 비행기의 길을 알려 주는 시설을 등대라고 한다.

② 빨간 등대와 노란 등대는 반대 의미로 쓰인다.

③ 빨간 등대는 오른쪽으로 다니라는 뜻을 담고 있다.

④ 노란 등대는 주변을 주의하라는 표시다.

⑤ 등대 불빛의 색깔은 등대의 색깔과 모두 같다.

4 ㉠의 까닭으로 가장 알맞은 것을 고르세요. | 추론 |

① 소리를 내면 안개가 없어지기 때문에.

② 소리를 듣고 배들이 모두 모일 수 있기 때문에.

③ 소리를 듣고 배들이 장애물을 피할 수 있기 때문에.

④ 소리를 내어 물고기를 부르기 위해서.

⑤ 소리를 내어 새를 쫓기 위해서.

산업이 발달하면서 개발로 인해 사라지는 식물, 동물, 광물이 늘어나고 있습니다. 그래서 법을 만들어 그것들을 지키자는 운동이 독일에서 시작되었습니다. 이후 이러한 운동은 전 세계로 퍼져 나갔습니다. 우리나라도 자연물 가운데 그 수가 적고 학술적으로 보호·보존해야 할 가치가 있는 것을 법에 따라 천연기념물로 지정해 보호하고 있습니다.

천연기념물 제349호인 영월의 관음송은 수령이 600년이나 된 노거수입니다. 관음송은 나이와 크기만이 아니라 역사적으로도 의미가 깊습니다. 조선 시대 임금 단종이 유배 생활을 할 때 그 나무에 걸터앉아서 슬픔을 달랬습니다.

천연기념물 제218호인 장수하늘소는 우리나라에 살고 있는 ㉠ 딱정벌레 종류 가운데에서 가장 큽니다. 개체 수가 줄어들면서 멸종 위기에 처해 천연기념물로 지정하여 보호하고 있습니다.

정부는 우리나라 동쪽 끝에 위치한 섬, 독도를 천연기념물 제336호로 지정했습니다. 독도는 바다제비, 슴새, 괭이갈매기 등 새들의 번식지입니다. 또 미역, 다시마, 김 등 해조류가 잘 자랍니다. 왕해국, 섬기린초 같은 꽃과 사철나무도 자라고 있습니다. 독도처럼 일정한 지역에 동물, 식물, 광물 등 천연기념물이 집중하여 있는 곳에는 그 하나하나를 천연기념물로 정하지 않고, 넓은 면적 전체를 천연 보호 구역으로 지정하여 보호합니다. 독도는 1999년에 천연 보호 구역이 되었습니다.

* 광물: 금, 은, 철, 석탄처럼 땅속에 묻혀 있는 물질.
* 학술적: 학문이나 기술에 관한 것.
* 수령: 나무의 나이.
* 단종: 조선의 제6대 왕. 12세에 왕이 되었으나, 작은아버지인 수양 대군에게 왕의 자리를 빼앗겨 강원도로 유배되었다가 죽임을 당하였다.
* 유배: 옛날에, 죄인을 먼 시골이나 섬으로 보내 일정 기간 지내도록 하던 일.
* 해조류: 김, 미역 등과 같이 바다에서 나는 식물을 통틀어 이르는 말.

1 이 글의 중심 낱말을 고르세요. | **핵심어** |

① 천연기념물   ② 자연물

③ 장수하늘소   ④ 관음송

⑤ 독도

2 글쓴이가 말하고자 하는 것은 무엇인가요? | **주제** |

① 산업이 발달하면서 동식물이 멸종되고 있다.

② 동물도 천연기념물로 지정할 수 있다.

③ 독도를 사랑하자.

④ 천연기념물을 잘 보호하자.

⑤ 천연기념물의 뜻과 종류.

3 이 글에 나오지 <u>않은</u> 내용을 찾으세요. | **내용 파악** |

① 천연기념물의 뜻.

② 천연기념물로 지정된 식물.

③ 천연기념물로 지정된 동물.

④ 천연기념물로 지정된 광물.

⑤ 독도에 사는 새들.

4 이 글의 내용과 맞는 것을 고르세요. | **내용 파악** |

① 천연기념물에 대한 관심은 영국에서 시작되었다.

② 천연기념물을 법으로 지정하여 보호하고 있다.

③ 천연기념물에는 동물과 식물만 포함된다.

④ 조선 시대 세종 대왕은 영월의 관음송에 걸터앉아 책을 읽고는 했다.

⑤ 장수하늘소는 딱정벌레 종류 중에서 가장 작다.

5 이 글의 내용을 정리했습니다. 빈칸에 알맞은 낱말을 넣어 표를 완성하세요. ┃내용 파악┃

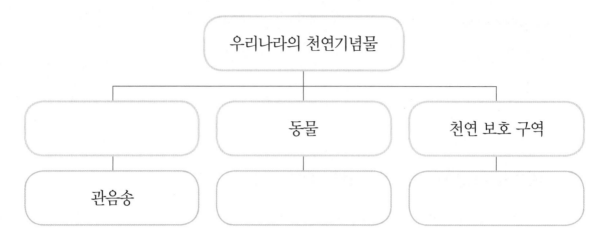

6 '나이가 많고 크게 자란 나무'라는 뜻의 낱말을 이 글에서 찾아 쓰세요. ┃어휘┃

7 다음 중 ㉠ 딱정벌레 종류에 속하지 않는 것을 찾으세요. ┃배경지식┃

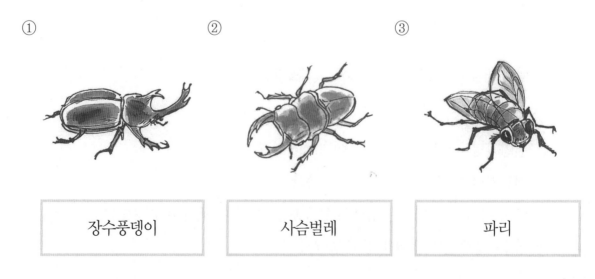

① 장수풍뎅이   ② 사슴벌레   ③ 파리

우리 조상들은 농사나 생활의 편의를 위해 한 해를 스물넷으로 나누었는데, 이를 '절기'라 합니다. 동지는 24절기의 하나로, 일 년 중에서 낮이 가장 짧고 밤이 가장 긴 날이며, 12월 22일 무렵입니다.

동짓날에는 팥죽을 쑤어 먹는 풍습이 있습니다. 우리 조상들은 동짓날 팥죽을 사당에 올려 제사를 지냈습니다. 또 방과 마루, 부엌 등에 한 그릇씩 떠다 놓았습니다. 팥의 붉은색이 귀신을 쫓아 준다고 믿었기 때문입니다.

동지에 팥죽을 먹게 된 계기가 담긴 이야기가 있습니다. 옛날 중국에 공공이라는 사람에게 말썽쟁이 아들이 있었습니다. 그런데 그 아들이 동짓날 죽었습니다. 살아서 부모님 속을 썩이던 아들은 죽어서도 사람들에게 병을 옮기는 귀신이 되어 사람들을 힘들게 했습니다. 공공은 평소에 아들이 팥을 싫어했던 것을 기억해 내었고, 팥죽을 쑤어 그 귀신을 물리쳤습니다. 그 후, 사람들은 귀신을 쫓기 위해 동짓날 팥죽을 만들어 먹기 시작했습니다.

우리 조상들도 밤이 긴 동지에는 귀신이 돌아다닌다고 생각했습니다. 그래서 귀신이 두려워하는 붉은색 음식을 이용해 귀신을 쫓았습니다. 동짓날 붉은 팥죽을 쑤어 대문이나 벽에 뿌리면 귀신을 쫓고, 나쁜 기운을 없앤다고 믿었습니다.

또 동지에 팥죽을 먹으면 나이를 한 살 더 먹는다는 풍습이 있습니다. 동지가 지나면 밤이 짧아지고 낮이 조금씩 길어집니다. ㉠ 조상들은 동지가 지나면 해가 다시 살아난다고 생각하여 동지를 '작은설'로 여겼습니다. 그래서 사람의 나이만큼 새알심을 넣어 먹었습니다. '동지 팥죽을 먹어야 한 살 더 먹는다.'라는 말이 생겨난 까닭입니다. 이와 같이 우리 조상들은 팥죽을 먹으면서 한 해를 새롭게 시작했습니다.

* 쑤어: 곡식의 알이나 가루를 물에 끓여 익혀서 죽이나 메주를 만들어.
* 사당: 조상의 신주(죽은 사람의 이름을 적어 놓은 나무 패)를 모셔 놓은 집.
* 새알심: 찹쌀가루로 동그랗게, 새의 알처럼 빚어 팥죽 속에 넣어 먹는 것.

1 이 글에 알맞은 제목을 지어 보세요. |제목|

동지 ☐☐

2 이 글의 내용으로 맞는 것을 고르세요. |내용 파악|

① 동지는 일 년 중에서 낮이 가장 길다.

② 공공의 아들은 귀신을 무서워했다.

③ 사람들은 이웃과 친하게 지내기 위해 동짓날 팥죽을 쑤어 나누어 먹었다.

④ 동지에 팥죽을 먹으면 나이를 한 살 더 먹는다는 풍습이 있다.

⑤ 동지가 지나면 낮이 짧아지고 밤이 길어진다.

3 이 글에 실리지 <u>않은</u> 내용은 무엇인가요? |내용 파악|

① 동지의 뜻.   ② 동지의 풍습.

③ 동지에 팥죽을 먹는 까닭.   ④ 팥죽을 만드는 방법.

⑤ 팥죽과 관련해서 전해 오는 이야기.

4 빈칸을 채워 글의 내용을 정리하세요. |요약|

동지는 일 년 중에서 ☐ 이 가장 짧은 날이다. 동짓날에는 귀신과 나

쁜 기운을 막기 위해서 ☐☐ 을 쑤어 먹는다. 먹는 사람의 나이만큼

☐☐☐ 을 넣어서 먹었다.

5 '한 해를 스물넷으로 나눈 것'을 뜻하는 낱말을 글에서 찾아 쓰세요. ┃어휘┃

6 겨울에 해가 가장 짧은 날을 '겨울 동(冬)' 자를 써서 동지라고 합니다. 그러면 여름에 해가 가장 긴 날은 '여름 하(夏)' 자를 써서 무엇이라고 할까요? ┃어휘┃

7 ㉠을 통해 알 수 있는 사실은 무엇인가요? ┃추론┃

① 동지와 설날은 같은 날이다.

② 설날에도 팥죽을 먹는 풍습이 있었다.

③ 우리 조상들은 옛날부터 해를 중요하게 생각했다.

④ 팥죽을 먹지 않으면 나이를 먹을 수 없다고 생각했다.

⑤ 동짓날에는 해가 뜨지 않았다.

8 다음은 우리나라 풍습에 대한 설명입니다. <u>잘못된</u> 것을 고르세요. ┃배경지식┃

① 설날: 새옷을 입고 어른들에게 세배를 드리며, 떡국을 먹는다.

② 대보름: 부럼(땅콩, 호두, 잣, 밤 등)을 깨물어 먹고, 쥐불놀이, 줄다리기 등을 한다.

③ 입춘: 채소의 싹이나 나물을 뜯어 음식을 만들어 먹고, 대문에는 복을 바라는 글을 써 붙인다.

④ 단오: 여자들은 창포물에 머리를 감고, 남자들은 씨름을 한다.

⑤ 추석: 낮에 해를 보며 강강술래를 즐기고, 만두를 빚어 먹는다.

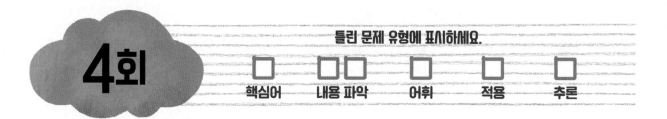
　　요즘 건강을 위해 소금을 적게 먹으려는 사람들이 많지만, 소금은 우리가 살아가는 데에 꼭 필요합니다. 옛날에는 소금이 무척 비싸고 귀했지만 요즘에는 다양한 방법으로 소금을 만들어 가격이 낮아졌습니다.

　　우리나라 사람들이 오래전부터 만들어 온 소금은 자염입니다. 염전에 바닷물을 가두어 증발시키는 작업을 여러 번 반복하여 매우 짠 소금물로 만든 뒤, 그것을 가마솥에 넣고 끓여서 만듭니다. 자염은 다른 소금에 비해 영양소가 많이 들어 있는 것이 장점입니다. 또 쓴맛이 적어 최근에 다시 만들기 시작하였습니다.

　　우리나라에서 가장 많이 만드는 소금은 천일염입니다. 천일염은 바닷물을 염전으로 끌어와 바람과 햇볕으로 물을 증발시켜 만든 소금입니다. 일제 강점기에 소금을 많이 만들기 위해 일본이 대만의 소금 생산 방식을 들여왔습니다.

　　다음으로, 정제염은 바닷물을 깨끗하게 거른 뒤 끓여서 만든 소금입니다. 천일염에 비해 깨끗하기 때문에 최근 들어 사람들이 많이 찾고 있습니다. 이 정제염에 화학조미료를 넣은 것이 맛소금입니다.

　　전 세계에서 가장 많이 채취하는 소금은 암염입니다. 암염은 세계 소금 생산량의 70% 이상을 차지합니다. 아주 먼 옛날에 바다였던 곳이 솟아올라, 물은 증발하고 소금만 남은 소금 광산에서 캐낸 것입니다. 또 이 소금 광산에 물을 넣어 얻은 소금물로 소금을 만들기도 합니다.

　　이외에도 천일염이나 암염 등을 물에 녹인 뒤 깨끗하게 거른 물을 증발시켜 만든 소금, 재제염이 있습니다. 또 천일염을 구워서 만든 '구운 소금'도 있습니다. 간장 소금은 간장을 담은 항아리 아래에 자연스럽게 생긴 소금입니다. 물에 살짝 헹구어 불

---

* 염전: 소금을 만들기 위해 바닷물을 가두어 놓은 곳.

* 증발: 어떤 물질이 액체 상태에서 기체 상태로 변하는 현상.

* 일제 강점기: 1910년부터 1945년까지 일본이 우리 땅을 강제로 빼앗았던 시기.

에 구운 뒤 가루를 내어 먹습니다.

　우리나라에는 암염이 없습니다. 소금기가 있는 호수나 지하수도 없습니다. 그래서 우리나라는 주로 천일염이나 자염 같은 방식으로 소금을 얻고 있습니다.

1 이 글의 중심 낱말을 찾아 쓰세요. **|핵심어|**

2 이 글의 내용으로 맞는 것에는 O, 틀린 것에는 X 하세요. **|내용 파악|**

① 요즘 사람들은 소금을 안 먹는다. （　　　）

② 맛소금은 정제염에 화학조미료를 넣어 섞은 것이다. （　　　）

③ 전 세계에서 가장 많이 채취하는 소금은 천일염이다. （　　　）

④ 우리나라에서 가장 많이 만드는 소금은 암염이다. （　　　）

⑤ 우리나라는 주로 바닷물에서 소금을 만들어 쓰고 있다. （　　　）

3 소금과 그 소금을 얻는 방법을 <u>잘못</u> 설명한 것을 찾으세요. **|내용 파악|**

① 자염: 소금기 많은 흙에 맑은 물을 부은 뒤, 끓여서 만든다.

② 천일염: 바닷물을 바람과 햇볕으로 증발시켜 만든다.

③ 정제염: 바닷물을 깨끗하게 거른 뒤 끓여서 만든다.

④ 암염: 소금 광산에서 캐낸다.

⑤ 재제염: 천일염이나 암염을 물에 녹여 거른 뒤 증발시켜 만든다.

4 '바닷물을 졸여서 만든 소금'이라는 뜻으로, 우리나라의 전통 소금을 이 글에서 찾아 쓰세요. |어휘|

5 다음은 죽염에 대한 글입니다. 죽염은 어떤 종류의 소금일까요? |적용|

> 대나무 통에 천일염을 넣어 아홉 번 구워 만든 소금을 '죽염'이라고 한다. 이 소금을 가루로 만들어 먹는다. 죽염을 먹으면 피가 맑아진다고 알려져 있다.

① 정제염   ② 자염   ③ 재제염
④ 구운 소금   ⑤ 간장 소금

6 천일염을 만드는 과정입니다. 천일염을 만들기에 가장 좋은 곳을 고르세요. |추론|

> 수차를 이용하여 염전으로 바닷물을 끌어 올린다. → 바람과 뜨거운 햇볕으로 바닷물을 증발시킨다. → 하얗게 생긴 소금을 한곳에 모아 놓는다. → 소금을 창고에 넣어 보관한다.
>
> * 수차: 사람이 발로 밟아 바닷물을 끌어 올리는 기계.

① 바람이 불지 않는 곳.   ② 햇볕이 잘 드는 곳.
③ 파도가 심하게 치는 곳.   ④ 비가 많이 내리는 곳.
⑤ 그늘이 잘 지는 곳.

　사람이 동물과 다른 점 가운데 하나는 옷을 입는 것입니다. 사람은 자연물을 이용하여 옷감을 만듭니다. 식물이나 동물에서 얻은 실을 천연 섬유, 석유나 석탄에서 얻은 실을 합성 섬유라 합니다. 이 실로 옷감을 짜서 옷을 짓습니다.

　면은 목화씨에 붙어 있는 솜에서 뽑은 실로 짠 천입니다. 입으면 따뜻하고 값이 싸서 사람들에게 사랑받고 있습니다. 물이나 땀을 잘 흡수하고 피부를 자극하지 않아 속옷을 만들 때 많이 씁니다. 특히 피부가 약한 아이들을 위한 옷감으로 많이 사용합니다. 면을 만드는 솜은 보온성이 뛰어나 따뜻한 겉옷을 만드는 데에 사용하기도 합니다.

　마는 삼이라는 풀 껍질에서 뽑아낸 실로 만든 옷감입니다. 대마, 저마 등으로 만드는데, 대마로 만드는 것을 '삼베', 저마로 만드는 것을 '모시'라고 합니다. 마는 거칠지만 잘 해어지지 않아 밧줄이나 배의 돛을 만드는 데에 쓰이기도 합니다. 또 공기가 잘 통하고, 땀을 잘 흡수해 여름철 옷을 만드는 데에 많이 사용합니다. 삼베는 오래전부터 지금까지도 한복의 옷감으로 쓰입니다.

　모는 동물에서 얻는 대표 옷감으로, 동물의 털로 만든 천을 말합니다. 대체로 양의 털을 사용하는데, 체온을 잘 유지할 수 있어 주로 겨울철 옷을 만드는 데에 사용합니다. 양털은 곱슬곱슬해서 잘 늘어나고 원래대로 돌아오는 성질이 좋습니다. 앙고라염소나 앙고라토끼의 털로 만든 '앙고라'와 캐시미어산양의 털로 짠 '캐시미어'도 모에 속합니다.

　누에고치에서 뽑아낸 실로 짠 천을 명주라고 합니다. 누에는 번데기가 될 때 고치를 만듭니다. 그 고치에서 실을 뽑아 천을 만든 것이 명주입니다. 명주 가운데 아름

＊보온성: 주위의 온도에 관계없이 일정한 온도를 유지하는 성질.

＊해어지지: 닳아서 못쓰게 되지.

＊고치: 벌레가 실을 내어 지은 집.

다운 빛을 띠는 천을 '비단'이라고 합니다. 비단은 아름답고 부드러워 예부터 고급 옷감으로 대접받고 있습니다.

마지막으로, 합성 섬유는 석유나 석탄에서 나온 원료로 만든 옷감입니다. 보통 천연 섬유에 비해 가볍고 튼튼한 장점이 있습니다. 또 세탁이 편하고 잘 구겨지지 않습니다. 하지만 물이나 땀을 잘 흡수하지 못하고 열에 약한 단점도 있습니다. 최근에는 다양한 기능의 합성 섬유가 나오기도 합니다. 또 합성 섬유의 단점을 보완하기 위해 천연 섬유와 섞어서 짠 옷감도 만들고 있습니다.

1 이 글의 중심 낱말을 찾으세요. | 핵심어 |

① 옷감   ② 천연 섬유   ③ 합성 섬유

④ 면   ⑤ 명주

2 빈칸에 알맞은 낱말을 넣어 이 글의 내용을 정리하세요. | 내용 파악 |

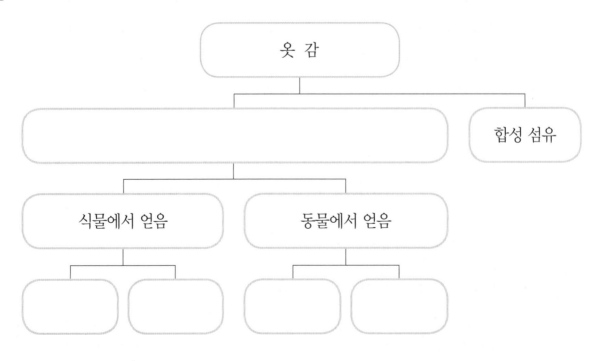

3 이 글의 내용으로 맞는 것에는 O, 틀린 것에는 X 하세요. |내용 파악|

① 석탄으로는 옷감을 만들 수 없다. ( )

② 면은 삼이라는 풀 껍질로 만든다. ( )

③ 앙고라와 캐시미어는 모의 한 종류다. ( )

④ 합성 섬유의 단점을 보완하기 위해 천연 섬유와 섞어 짜기도 한다. ( )

4 '마'로 여름옷을 만들면 좋은 이유를 두 가지 찾아 쓰세요. |내용 파악|

(1)
_____

(2)
_____

5 다음 글을 읽고 빈칸에 알맞은 낱말을 앞 글에서 찾아 쓰세요. |내용 파악|

비단은 | | | | 에서 뽑은 실로 만든 옷감이다. | |

는 허물을 네 번 벗으며 자란 뒤, 실을 토하여 고치를 짓는다. 그 고치 안에서

| 버 | ㄷ | | 가 되었다가 나방이 되어 나온다.

6 중국에서 우리나라에 목화씨를 들여와 면을 널리 퍼뜨린 사람은 누구일까요? |배경지식|

① 이성계 ② 이순신 ③ 정약용

④ 문익환 ⑤ 문익점

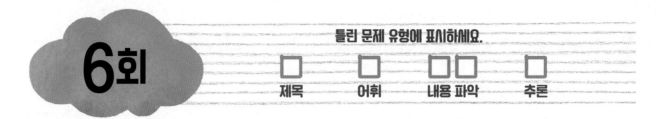

인간은 수많은 발명품을 만들어 냈습니다. 종이, 연필, 가방부터 텔레비전, 냉장고, 세탁기까지 다양합니다. 이 가운데에는 인간이 상상력을 발휘해 만든 것도 많지만, 자연의 특징을 모방해서 만든 발명품도 적지 않습니다.

개구리나 오리 같은 동물의 발에는 '물갈퀴'가 있습니다. 이것은 발가락 사이에 있는 얇은 막으로, 헤엄을 치는 데에 도움을 줍니다. 사람이 헤엄을 더 잘 치기 위해 발에 끼우는 물갈퀴는, 이 동물들의 발을 보고 만들었습니다.

일본의 고속 열차는 물총새를 본떠서 만들었습니다. 물총새가 사냥하려고 물에 들어갈 때 물이 거의 튀지 않는 것을 보고 아이디어를 얻었습니다. 이렇게 물총새 모양으로 열차를 바꾸자 이전 모습으로 다닐 때보다 빨리 달릴 수 있게 되었고, 소리도 많이 줄었습니다.

사람들은 거북이의 등딱지(게나 거북이의 등을 이룬 단단한 껍데기)를 보고 두 가지 발명품을 만들어 내었습니다. 우선 갑옷이 있습니다. 옛날 사람들은 거북이 등딱지처럼 딱딱한 옷을 입으면 적의 공격을 막을 수 있을 것이라고 생각하였습니다. 또 거북선을 만들었습니다. 옛날에는 가까운 거리에서 해전이 벌어지면 배를 적의 배에 붙이고 사람이 뛰어내려 싸웠습니다. 그러나 거북이 등딱지를 본떠 만든 거북선은, 단단하고 미끄러우며, 칼이 박혀 있어서 적군이 뛰어내리기 어려웠습니다.

식물을 본뜬 발명품도 있습니다. 단풍나무 씨가 떨어지는 모습을 보고는 헬리콥터를 만들었습니다. 단풍나무 씨는 옆으로 길게 뻗은 모양이어서, 빙글빙글 돌며 떨어집니다. 그 모습을 보고 헬리콥터의 프로펠러를 만들어 내었습니다.

연꽃이 있는 곳에서는, 비가 오는 날 연잎 위에 빗물이 고여 있는 모습을 쉽게 볼 수 있습니다. 연잎 표면을 자세히 보면, 작고 둥근 돌기가 많이 나 있습니다. 이것을 보고, 사람들은 방수복을 만들었습니다.

운동화에 쓰이는 벨크로도 식물을 보고 만든 발명품입니다. 벨크로는 우엉 가시를 보고 만들었습니다. 갈고리 모양으로 끝이 구부러진 우엉 가시를 보고 몇 번이나 달라붙었다 떨어지는 벨크로를 발명하였습니다.

또 가시가 많은 덩굴장미를 보고 가시철조망을 만들었습니다. 가시철조망은 가시가 달린 철사를 길게 꼬아 놓은 것입니다. 다른 사람이나 동물의 접근을 막아야 하는 곳에 사용합니다.

1 빈칸에 알맞은 낱말을 넣어 이 글의 제목을 만들어 보세요. | 제목 |

을 본뜬 발명품

* 본뜬: 무엇을 그대로 따라 만든.

2 다음은 이 글에 쓰인 낱말입니다. 뜻풀이가 <u>잘못된</u> 것을 찾으세요. | 어휘 |

① 발휘: 재능이나 능력 등을 나타내는 것.

② 모방: 다른 것을 그대로 따라 하는 것.

③ 아이디어: 어떤 일에 대한 좋은 생각.

④ 해전: 강에서 벌어진 싸움.

⑤ 돌기: 밖으로 내밀거나 튀어나온 부분.

3 이 글의 내용으로 맞는 것에는 O, 틀린 것에는 X 하세요. | 내용 파악 |

① 물갈퀴는 헤엄을 잘 치기 위해 만든 물건이다. (   )

② 거북이의 등딱지를 보고 갑옷을 만들었다. (   )

③ 사람이 만든 발명품은 모두 자연의 특징을 본떠 만들어졌다. (   )

④ 연잎을 보고 거북선을 만들었다. (   )

4 다음 생물의 특징을 본뜬 물건을 알맞게 짝지으세요. |내용 파악|

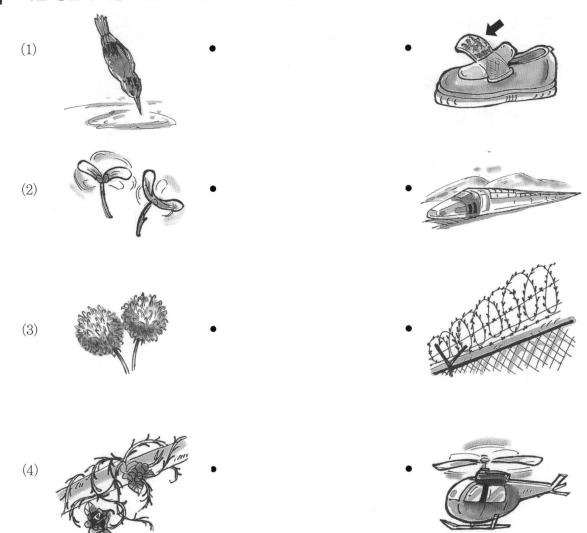

(1)

(2)

(3)

(4)

5 다음 식물을 본떠 만든 발명품을 찾으세요. |추론|

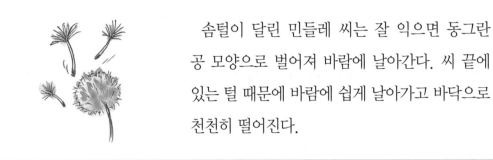

솜털이 달린 민들레 씨는 잘 익으면 동그란 공 모양으로 벌어져 바람에 날아간다. 씨 끝에 있는 털 때문에 바람에 쉽게 날아가고 바닥으로 천천히 떨어진다.

① 비행기   ② 우주선   ③ 낙하산

④ 자동차   ⑤ 오토바이

[가]

'㉠ [　　　　　　　　]'라는 속담이 있습니다. 세월이 흐르면 모든 것이 변한다는 뜻입니다. 직업도 마찬가지입니다. 세월이 흘러 사람들의 생활이 변하면서 직업도 달라졌습니다. 과거에는 있었지만 현재는 없어지거나 성격이 변한 것도 있고, 과거에는 없었지만 새로 생긴 직업도 있습니다.

[나]

현재는 보부상이나 나무꾼을 찾아보기 어렵습니다. 지게에 지거나 보자기에 담아 메고 다니며 물건을 팔던 보부상은, 교통과 인터넷 등이 발달하면서 사라졌습니다. 옛날에는 집을 따뜻하게 하거나 음식을 하기 위해 나무를 땠습니다. 그래서 산에서 나무를 베어다가 파는 사람이 있었습니다. 하지만 요즘은 가스나 기름, 전기 등을 이용하여 밥도 짓고 집도 훈훈하게 하기 때문에 나무는 거의 사용하지 않습니다. 이런 까닭으로 나무꾼이라는 직업이 사라졌습니다.

[다]

100년 전만 해도 수레에 사람을 태우고 다니던 인력거꾼을 쉽게 볼 수 있었습니다. 현대에도 관광지에서, 수레를 직접 끌거나 자전거를 이용해 사람을 태우고 다니는 사람을 볼 수 있습니다. 하지만 현대의 인력거는 과거의 인력거와는 성격이 달라졌습니다. 과거에는 현재의 택시와 같은 운송 수단이었다면, 현재는 관광용으로 쓰이고 있습니다.

[라]

인터넷의 발달은 우리의 생활에 큰 변화를 불러왔습니다. 인터넷을 통해 물건을

* 운송: 사람을 태워 보내거나 물건을 실어 보냄.

파는 직업이 생겨났습니다. 그러면서 상품을 집까지 가져다주는 택배원, 인터넷이나 텔레비전을 통해 상품을 소개하는 쇼호스트 등도 나타났습니다. 컴퓨터를 전문으로 사용하는 직업도 생겼습니다. 프로그램을 개발하는 프로그래머, 홈페이지를 만드는 웹 디자이너, 게임을 전문으로 하는 프로게이머 등이 등장했습니다.

[마]

앞으로도 컴퓨터와 인터넷을 이용한 직업들은 계속 늘어날 것입니다. 그뿐 아니라 우주와 관련한 직업도 많이 생길 것입니다. 우주로 여행을 떠나는 일은 점차 현실이 되어 가고 있습니다. 우주의 이것저것을 설명해 주는 우주 안내사를 만날 수 있는 날도 곧 오지 않을까요?

1 이 글의 중심 생각을 찾으세요. | 주제 |

① 세월이 흐르면서 모든 것은 변한다.

② 사라진 직업들.

③ 현대에 새로 생긴 직업.

④ 미래의 직업.

⑤ 시간이 흐르면서 변하는 직업.

2 다음 중 현대에 새롭게 생긴 직업이 아닌 것을 찾으세요. | 내용 파악 |

① 택배원   ② 보부상

③ 쇼호스트   ④ 웹 디자이너

⑤ 프로게이머

3 각 문단의 내용을 잘못 요약한 것을 찾으세요. | 내용 파악 |

① [가]: 시간이 흐르면서 없어지거나 변하거나 새로 생긴 직업이 있다.

② [나]: 사라진 직업.

③ [다]: 과거와 성격이 변한 직업.

④ [라]: 현대에 들어 새로 생긴 직업.

⑤ [마]: 앞으로 큰돈을 벌 것 같은 직업.

4 ㉠에 알맞은 속담을 찾으세요. | 표현 |

① 사람 팔자 시간문제

② 백지장도 맞들면 낫다

③ 십 년이면 강산도 변한다

④ 바늘 도둑이 소도둑 된다

⑤ 세 살 적 버릇이 여든까지 간다

5 다음 글과 어울리는 문단을 쓰세요. | 적용 |

> 요즘 자신이 직접 동영상을 찍어 돈을 벌려는 사람들이 부쩍 늘었다. 주제가 좋고 재미있으면 큰돈을 벌 수 있기 때문이다. 또 인터넷을 이용하여 동영상으로 수업을 하는 사이처(사이버 티처)들도 인기를 끌고 있다.
>
> * 사이버(cyber): 존재하지 않는 것을 존재하는 것처럼 나타낸 것. '인터넷 공간'을 이른다.
> * 티처(teacher): 교사.

[가]

개는 사람과 가장 가까운 동물입니다. 사람들은 먼 옛날부터 개를 길렀습니다. 원래 개의 조상은 늑대처럼 사나운 짐승이었지만 사람과 가까이 살면서 온순하게 길들여졌습니다.

[나]

개는 종류가 무척 많습니다. 또 같은 종이라고 해도 크기와 생김새가 제각각입니다. 송아지만큼 커서 보기만 해도 겁이 나는 것이 있고, 고양이보다 작고 귀여운 것도 있습니다. 주둥이가 길기도 짧기도 합니다. 털 색깔도 흰색, 누런색부터 검은색, 점무늬까지 무척 다양합니다.

[다]

개는 멀리에서 나는 소리도 사람보다 훨씬 잘 들을 수 있습니다. 가끔 밤에 자다가도 벌떡 일어나 큰 소리로 짖는 것도, 사람은 듣지 못하는 아주 작은 소리를 들었기 때문입니다.

[라]

길을 가던 개가 갑자기 멈춰 서서 코를 대고 킁킁거리며 냄새를 맡을 때가 있습니다. 때로는 어떤 곳을 열심히 파헤치기도 합니다. 곳곳에 뿌려진 동물의 흔적이나 땅속에 있는 동물의 냄새를 맡았기 때문입니다. 개들은 멀리 나갔다가 되돌아올 때에도 뛰어난 ㉠ [＿＿＿＿＿] 을 이용하여 집을 찾습니다.

[마]

개는 영리하고 충성스럽습니다. 주인의 생각을 알아차리는가 하면, 발소리만 듣고도 주인을 알아냅니다. 또 집을 지키거나 심부름을 하기도 합니다. 이런 능력을 이용하여 앞을 보지 못하는 사람이나 사냥하는 사람을 돕기도 합니다. 게다가 주인이 위험한 일을 당하면 재빨리 뛰어들어 주인을 돕기도 합니다.

[바]

개는 인간에게 매우 친숙한 동물입니다. 사람을 잘 따르고 사람에게 도움도 많이 주어 사람들의 사랑을 많이 받고 있습니다.

1 이 글의 구조를 가장 잘 나타낸 것을 찾으세요. |구조|

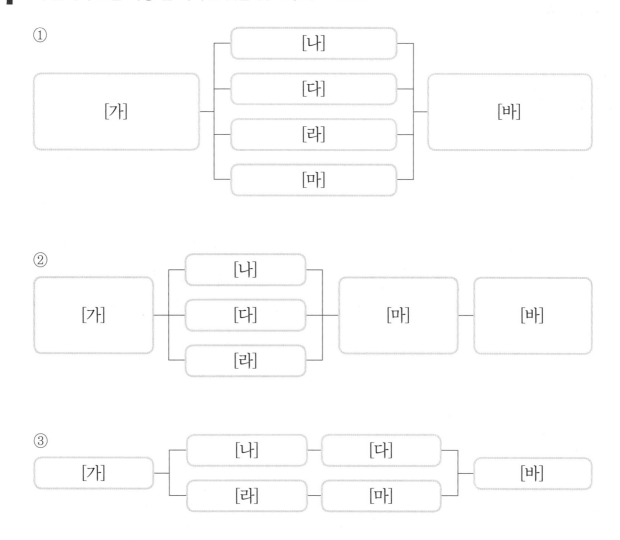

①

[가] → [나] [다] [라] [마] → [바]

②

[가] → [나] [다] [라] → [마] → [바]

③

[가] → [나] — [다] / [라] — [마] → [바]

2 ㉠에 들어갈 감각은 무엇인가요? | 어휘 |

① 시각   ② 청각   ③ 후각

④ 미각   ⑤ 촉각

3 각 문단의 내용을 정리하였습니다. 틀린 것을 찾으세요. | 내용 파악 |

① [가]: 개는 사람과 가장 가까운 동물이다.

② [나]: 개는 종류도 많고, 크기와 모양이 다르다.

③ [다]: 개는 소리를 잘 듣는다.

④ [라]: 개는 땅을 잘 파헤친다.

⑤ [마]: 개는 영리하고 충성스럽다.

⑥ [바]: 개는 인간에게 매우 친숙한 동물이다.

4 다음 내용과 어울리는 문단을 찾으세요. | 적용 |

> 옛날에 전라도 임실군 '오수'라는 마을에 개를 기르는 사람이 있었다. 어느 날 그 사람이 개를 데리고 장에 가서 술을 많이 마셨다. 집으로 가던 길에 잠시 길 옆 잔디밭에 앉아 담배를 피우며 쉬다가 잠이 들었는데, 그만 담뱃불이 잔디에 떨어져 불이 붙었다. 얼마 뒤 그 사람이 잠에서 깨어 보니 자신이 누워 있던 자리만 빼고 주변이 다 타 있었다. 그리고 그 옆에는 자기가 기르던 개가 검게 타 죽어 있었다.

① [가]   ② [나]   ③ [다]

④ [라]   ⑤ [마]   ⑥ [바]

사막은 비가 거의 오지 않아서 식물이 자라기 어려운 땅입니다. 모래, 자갈, 바위 등으로 뒤덮여 쓸모없는 땅으로 보이지만 석유, 다이아몬드, 금과 같은 천연자원이 풍부하게 매장된 곳도 있습니다.

지구 육지의 약 10분의 1을 차지하는 사막은, 크게 열대 사막, 온대 사막, 한랭 사막으로 나뉩니다.

열대 사막은 적도와 가까워 덥고 건조합니다. 사하라 사막이 대표적입니다. 아프리카 북쪽에 있는 사하라 사막은, 사막 중 가장 넓습니다. 옛날에는 이 지역도 나무가 우거진 초원이었지만 심각한 가뭄이 계속되면서 사막이 되었습니다.

온대 사막은 주로 지구의 중위도 지역에 분포하는 곳으로, 바다에서 멀리 떨어진 곳에 나타납니다. 몽골의 고비 사막이 대표적입니다. '고비'란 몽골어로 '풀이 잘 자라지 않는 거친 땅'이라는 뜻입니다. 고비 사막은 대부분 암석과 마른 흙으로 이루어져 있습니다.

극지방 주변에 얼음으로 뒤덮인 사막을 한랭 사막이라고 합니다. 이곳은 날씨가 추워 식물이 자라기 힘듭니다. 남극 대륙, 툰드라 사막 등이 있습니다. 북극해 주변의 얼어붙은 땅을 '툰드라'라고 하는데, 이곳은 짧은 여름에만 잠시 얼음이 녹습니다.

사막이라고 사람이 못 사는 것은 아닙니다. 오아시스 주변에서 곡식과 과일을 키우며 사람들이 살 수 있습니다. 또 가축을 기르며 물과 먹을거리를 찾아 떠돌아다니는 유목민, 무리를 지어 특산물을 사고파는 대상(카라반)들도 있습니다.

사막은 대부분 낮에는 덥지만 밤은 무척 춥습니다. 이곳에 사는 사람들은 강한 햇볕과 모래바람을 막기 위해 천을 여러 겹 겹쳐서 옷을 만들어 입습니다. 그리고 나무를 대신해 낙타, 소 등 가축의 똥을 연료로 사용하기도 합니다.

* 적도: 남극과 북극의 가운데를 지나는 선. 이 선이 지나는 지역은 매우 덥다.
* 중위도: 20~50도 정도의 위도. 보통 사계절이 뚜렷하게 나타난다. 한국, 일본, 중국, 미국, 이탈리아, 독일, 호주 등이 이 지역에 속한다.

1 이 글의 중심 낱말을 찾으세요. |핵심어|

① 천연자원　　　　　② 지구　　　　　③ 적도

④ 사막　　　　　⑤ 오아시스

2 아래의 지도를 보고 빈칸을 채우세요. |적용|

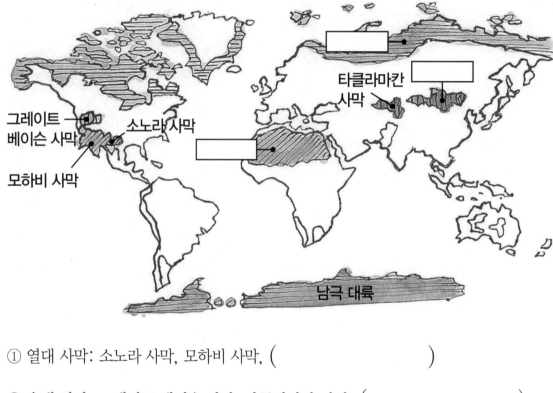

① 열대 사막: 소노라 사막, 모하비 사막, (　　　　　　　　　　)

② 온대 사막: 그레이트 베이슨 사막, 타클라마칸 사막, (　　　　　　　　　　)

③ 한랭 사막: 남극 대륙, (　　　　　　　　　　)

3 이 글의 내용과 <u>다른</u> 것을 찾으세요 |내용 파악|

① 사막은 지구 육지의 약 10분의 1을 차지한다.

② 열대 사막은 적도와 가까워 덥고 습하다.

③ 고비 사막은 대부분 암석과 마른 흙으로 이루어져 있다.

④ 한랭 사막은 얼음으로 뒤덮여 있다.

⑤ 사하라 사막은 지구의 사막 가운데 가장 넓다.

4 이 글을 읽고 내용을 바르게 말한 사람을 찾으세요. | 내용 파악 |

① 지영: 사막은 다 모래로 이루어져 있어.

② 도연: 사막에는 어디나 천연 지하자원이 매장되어 있어.

③ 우승: 사막에서는 나무가 없어서 가축의 소변을 연료로 사용하기도 해.

④ 정은: 사막은 낮과 밤의 기온 차가 거의 없어.

⑤ 희열: 무리를 지어 다니면서 특산물을 파는 사람을 카라반이라고 해.

5 '사막 가운데 샘이 솟아 풀과 나무가 자라는 곳'이라는 뜻을 지닌 낱말을 앞 글에서 찾아 쓰세요. | 어휘 |

_____

6 다음 글에서 설명하는 동물의 이름을 쓰세요. | 배경지식 |

> 1. 뜨거운 태양과 모래바람으로부터 눈을 보호하는 긴 속눈썹이 있다.
> 2. 몸이 뜨거운 땅에서 최대한 떨어져 있도록 다리가 길다.
> 3. 가시가 있는 식물도 먹을 수 있도록 입술이 두껍다.
> 4. 등에 지방을 저장할 수 있는 혹이 있다.

_____

7 사막에 사는 식물과 동물을 바르게 짝지은 것을 고르세요. | 배경지식 |

① 장미, 고래   ② 단풍나무, 전갈   ③ 바오바브나무, 호랑이

④ 은행나무, 개구리   ⑤ 선인장, 사막여우

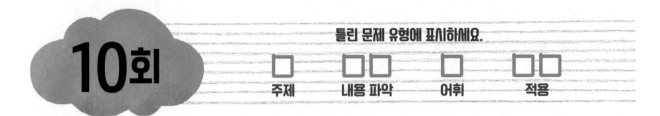
주위를 둘러보면 책상, 책, 연필 등 여러 물건이 있습니다. 이 물건들처럼 일정한 모양을 가지고 있는 것을 '물체'라고 합니다.

물질은 물체를 이루는 기본 재료입니다. 예를 들어 지우개는 물체고, 지우개의 재료인 고무는 물질입니다. 우리는 물질을 그대로 이용하기도 하고, 여러 물질을 섞어 새로운 물체로 만들어 사용하기도 합니다. 물질을 성질에 따라 대부분 고체, 액체, 기체로 나눌 수 있습니다.

일정한 모양과 부피가 있으면서 쉽게 모양이 바뀌지 않는 물질을 '고체'라고 합니다. 대부분 눈으로 볼 수 있으며 손으로 잡을 수도 있습니다. 고체는 모양이 다른 여러 그릇에 넣어도 모양이나 크기가 달라지지 않습니다. 또 부수거나 잘라도 크기만 변할 뿐 성질은 변하지 않습니다. 우리 주변에서 쉽게 볼 수 있는 고체에는 나무, 돌, 얼음 등이 있습니다.

액체는 모양이 일정하지 않은 물질입니다. 모양이 다른 여러 그릇에 넣으면 그 그릇 모양으로 담깁니다. 잔에 따라도, 병에 담아도, 세면대에 받아 놓아도 똑같은 물이지만 모양은 그릇에 따라 변합니다. 액체는 손에 잡히지 않고, 높은 곳에서 낮은 곳으로 잘 흘러내리는 특징이 있습니다. 물, 주스, 식초, 기름 등이 우리 주변에서 쉽게 볼 수 있는 액체입니다.

우리가 바람을 불어 넣으면 풍선은 부풀어 오릅니다. 풍선 안에 기체가 가득 차서 풍선을 부풀게 했기 때문입니다. 주로 눈에는 보이지 않지만 우리 주변은 기체로 가득합니다. 기체도 액체처럼 손으로 잡을 수는 없습니다. 담는 그릇에 따라 모양이 변하고 그 그릇을 가득 채웁니다. 기체는, 우리가 숨을 쉴 때 마시는 산소, 탄산음료 속에 들어 있는 이산화탄소, 과자 봉지에 들어 있는 질소 등 종류가 많습니다.

하지만 꼭 모든 물질이 고체, 액체, 기체로 나뉘는 것은 아닙니다. 예를 들어, 액정은 고체와 액체의 성질을 모두 지니고 있습니다. 이렇게 고체, 액체, 기체로 정확히 나누기 어려운 물질도 있습니다.

* 액정: 액체와 고체의 중간 상태에 있는 물질. 전자시계, 텔레비전, 스마트폰 등에 쓰인다.

1 이 글의 주제로 가장 알맞은 것을 고르세요. ┃주제┃

① 우리 주변의 물체와 물질.

② 물체와 물질의 차이점.

③ 물질의 성질이 달라지는 까닭.

④ 물질의 종류.

⑤ 액정의 성질.

2 다음 특징에 알맞은 물질의 종류를 쓰세요. ┃내용 파악┃

① 주로 눈에 보이지 않는다. 담는 그릇에 따라 모양이 변하고 그 그릇을 가득 채운다. 손에 잡히지 않는다.

② 모양이 쉽게 바뀌지 않는다. 담는 그릇이 바뀌어도 모양이나 크기가 바뀌지 않는다. 손으로 잡을 수 있다.

③ 모양이 일정하지 않아 담는 그릇에 따라 모양이 변한다. 손으로 잡을 수 없고, 높은 곳에서 낮은 곳으로 잘 흐른다.

3 이 글의 내용으로 맞는 것에는 O, 틀린 것에는 X 하세요. | **내용 파악** |

① 물체를 작게 자르면 물질이 된다. ( )

② 액체를 모양이 다른 그릇에 옮겨 담으면 그 그릇 모양으로 변한다. ( )

③ 사람이 숨 쉴 때 마시고 내뱉는 산소, 이산화탄소는 기체다. ( )

④ 물질은 모두 고체, 액체, 기체로만 나뉜다. ( )

4 '손이나 얼굴을 씻을 수 있게 갖추어 놓은 대'의 뜻을 지닌 낱말을 찾아 쓰세요. | **어휘** |

5 이 글에 나온 것 외에, 우리 주변에서 쉽게 찾을 수 있는 고체를 두 가지 쓰세요. | **적용** |

_____ , _____

6 다음 물체나 물질을 고체, 액체, 기체로 나누어 두 개씩 쓰세요. | **적용** |

바닷물 초콜릿 가방 수증기 우유 방귀

① 고체 | , |
|---|

② 액체 | , |
|---|

③ 기체 | , |
|---|

무더운 여름날이었습니다. 친구들과 축구를 하고 집에 온 민수는 냉동실에서 얼음을 꺼내어 입에 넣었습니다.

민수: 우아, 시원하다. 이제 좀 살 것 같네. 얼음이 없었으면 큰일 날 뻔했어. 옛날 사람들은 냉장고도 없이 어떻게 여름을 견뎠을까? 더운 날 시원한 것도 못 먹었을 거야.

엄마: 과연 옛날 사람들은 여름에 시원한 음식을 먹을 수 없었을까? 옛날에도 무더운 날이면 얼음으로 더위를 달랬단다.

민수: 네? 정말이에요? 옛날에도 냉장고가 있었어요?

엄마: 석빙고라고 냉장고와 비슷한 것이 있었지. 냉장고처럼 작은 것은 아니고 돌로 지은 큰 창고였어. 한겨울에 얼음을 넣어두었다가 여름에 꺼내 사용할 수 있도록 만든 얼음 창고지.

민수: 그럼, 석빙고를 언제부터 사용했어요?

엄마: 기록을 보면 지금부터 약 1500년 전인 신라 시대에 사용하기 시작했다고 해. 그런데 그때 만든 석빙고는 남아 있지 않아. 지금 볼 수 있는 것들은 조선 시대에 만든 거야.

민수: 그렇게 오래전부터 있었다니 우리 조상들의 기술이 정말 놀라워요. 그런데 전기도 없었던 옛날에 어떻게 낮은 온도를 유지할 수 있었을까요?

엄마: 그 비밀은 석빙고의 구조에 있어. 사람들은 석빙고를 공기가 잘 통하도록 지었어. 석빙고의 입구는 바람이 들어오는 방향으로 만들었어. 내부에 바람이 골고루 퍼지고, 더운 공기가 밖으로 빠져나갈 수 있도록 한 거지. 바닥은 큰 돌을 경사지게 만들어서 녹은 물이 흘러 나가게 했어. 석빙고 벽은 이중으로 두껍게 만들었어. 바깥쪽은 열전도율이 낮은 진흙으로 만들어 태양열이 석빙고 안으로 전달되지 못하게 했어. 그리고 안쪽은 열전도율이 높은 화강암

으로 만들어 석빙고 내부에 열이 발생하면 빨리 바깥으로 나가게 했지. 또 석빙고의 지붕에는 잔디를 심어서 뜨거운 태양열을 막았단다. 그래서 석빙고 안의 온도가 시원하게 유지가 되었지. 당시의 사람들은 한겨울에 강에서 얼음을 큼직하게 잘라 왕겨나 짚으로 싼 뒤에 석빙고에 보관했어. 그렇게 하면 겨울에 넣어둔 얼음을 이듬해 추석까지 사용할 수 있었어.

민수: 그랬군요. 그러면 그렇게 보관한 얼음을 언제 사용했나요?

엄마: 석빙고는 임금의 것이라 나라에서 관리했어. 그래서 임금만 사용할 수 있었지. 궁궐에서 시원한 음식을 만들 때 사용했단다. 하지만 무더운 날엔 임금이 신하들에게 얼음을 나누어 주며 더위를 나게 했어.

민수: 모두가 사용할 수 있었던 건 아니었네요. 엄마, 석빙고를 직접 보고 싶어요.

엄마: 그래. 이번 주말에 석빙고에 가 보자.

* 열전도율: 열이 전달되는 정도.
* 왕겨: 벼의 겉껍질.

1 이 글에서 가장 중요한 낱말은 무엇인가요? |핵심어|

① 얼음   ② 냉장고   ③ 신라 시대

④ 화강암   ⑤ 석빙고

2 '석빙고(石氷庫)'는 한자어입니다. 이 글의 내용으로 미루어 보아, 석빙고의 뜻으로 가장 알맞은 것을 찾으세요. |추론|

① 백성들을 위해 얼음을 보관하는 창고.

② 한강의 얼음을 보관하는 창고.

③ 임금의 얼음을 보관하는 창고.

④ 얼음을 보관하기 위해 잔디를 씌운 창고.

⑤ 얼음을 보관하기 위해 돌로 지은 창고.

3 이 글의 내용과 맞지 <u>않는</u> 것을 고르세요. | 내용 파악 |

① 석빙고는 신라 시대 때부터 사용했다.

② 얼음에 왕겨나 짚을 감싸 석빙고에 보관했다.

③ 한겨울에 강에서 얼음을 잘라 석빙고에 보관해 두었다.

④ 석빙고는 전기를 사용해서 내부의 온도를 낮춘다.

⑤ 석빙고는 임금의 것이라 나라에서 관리했다.

4 빈칸에 알맞은 말을 넣어 석빙고의 구조를 완성하세요. | 내용 파악 |

입구	☐☐ 이 들어오는 방향으로 만들었다.		
바닥	☐☐ 지 게 만들어서 물이 흘러 나가게 했다.		
벽	바깥쪽은 ☐☐ , 안쪽은 ☐☐☐ 으로 만들었다.		
지붕	☐☐ 를 심어서 ☐☐☐ 을 막았다.		

5 중심 내용이 잘 나타나도록 빈칸에 알맞은 낱말을 쓰세요. | 요약 |

석빙고는 ☐☐ 을 저장하기 위해 ☐ 로 만든 창고다. 신라 시대

부터 사용한 석빙고는 ☐☐ 가 잘 통하고 열이 잘 빠져나갈 수 있도록

지어서 여름에도 낮은 온도를 유지할 수 있다.

12회

틀린 문제 유형에 표시하세요.

제목   내용 파악   어휘   배경지식

사람과 사람이 말이나 글로 서로의 생각을 주고받는 것을 의사소통이라고 합니다. 우리는 가까이 있는 사람과는 서로 마주 보며 대화하고, 멀리 있는 사람과는 전화, 인터넷 등을 이용해 소식을 주고받습니다. 이때 사용하는 도구를 '의사소통 수단'이라고 합니다. 전화나 컴퓨터가 없던 옛날에는 무엇으로 의사소통을 했을까요?

불빛이나 연기로 소식을 전했습니다. 이것을 '봉수'라고 합니다. 봉은 '불(봉화)', 수는 '연기'를 뜻합니다. 높은 산에 봉수대를 설치하고, 낮에는 연기로, 밤에는 불빛으로 소식을 알렸습니다. 총 5개의 봉수대에서, 평상시에는 1개, 적이 나타나면 2개, 적이 가까이 오면 3개, 적이 쳐들어오면 4개, 적과 싸우면 5개에 불을 피워 소식을 알렸습니다.

연이나 북도 좋은 의사소통 수단이었습니다. 임진왜란 때, 이순신 장군은 연을 이용해 군사들에게 명령을 내렸습니다. 이것을 '신호연'이라고 하는데, 연의 색깔과 무늬를 달리해 내용을 전했습니다. 북도 전쟁에 사용했습니다. 북이 울리는 횟수나 간격에 따라 다른 내용을 병사들에게 전달했습니다.

옛날에, 나라의 중요한 문서를 전달하기 위하여 이용하던 통신 수단 가운데 '파발'이 있었습니다. 파발에는 보발과 기발이 있습니다. 보발은 사람이 직접 걸어가서, 기발은 말을 타고 가서 문서를 전달하는 방법입니다. 파발꾼이 먼 거리를 갈 때에는 중간에 말을 바꿔 타기 위해 마패를 들고 다녔습니다. 마패에는 빌릴 수 있는 수만큼 말이 그려져 있었습니다.

오늘날에는 주로 기계를 이용하여 먼 곳에 있는 사람과 의사소통을 합니다. 전화나 휴대 전화, 전자 우편 등을 이용해 소식을 전하고 정보를 교환합니다. 또 인터넷을 이용하여 멀리 떨어져 있는 사람과 얼굴을 보며 회의를 할 수도 있습니다.

* 봉수대: 봉화를 올릴 수 있게 높이 쌓아 올린 곳.
* 임진왜란: 1592년에 일본이 조선에 침입하여 일어난 전쟁.

1 빈칸을 채워 이 글의 제목을 완성하세요. |제목|

옛날과 오늘날의 [   ][   ][   ][   ] 수단

2 이 글의 내용과 맞는 것을 고르세요. |내용 파악|

① 봉수는 낮에는 불빛, 밤에는 연기로 소식을 알리는 방법이다.

② 개인이 중요한 편지를 전달할 때 파발을 이용했다.

③ 기발은 사람이 걸어가서 문서를 전달하는 방법이다.

④ 이순신 장군은 신호연을 사용해서 군사들에게 명령을 내리기도 했다.

⑤ 옛날에는 전화, 전자 우편 등을 이용해 소식을 주고받았다.

3 다음 그림이 나타내는 뜻을 앞 글에서 찾아 쓰세요. |내용 파악|

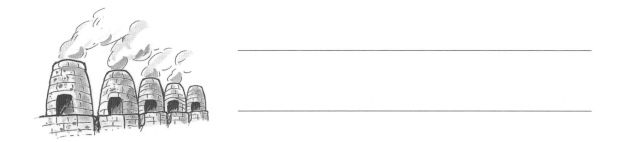

_____

_____

4 이 글의 내용과 맞지 <u>않는</u> 이야기를 한 사람은 누구인가요? |내용 파악|

① 서영: 옛날 파발꾼의 마패에는 빌릴 수 있는 수만큼의 말이 그려져 있었대.

② 은호: 요즘에는 먼 곳에 있는 사람과도 쉽고 빠르게 소식을 전할 수 있어.

③ 주영: 옛날에는 파발을 이용해서 나라의 중요한 문서를 전달했어.

④ 재원: 요즘 전쟁을 할 때에는 봉수대 위에 연을 띄워서 소식을 전해.

⑤ 세영: 옛날 봉수대에서는 밤에 불빛으로 신호를 보냈어.

5 다음 그림을 보고 알맞은 낱말을 앞 글에서 찾아 쓰세요. ㅣ어휘ㅣ

①

②

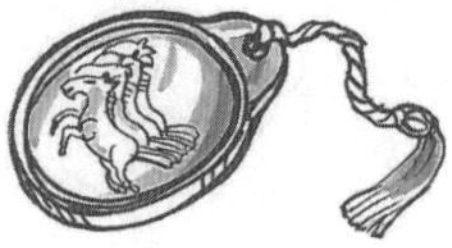

③

④

6 '말을 타거나 걸어서 나랏일에 대한 소식을 전하던 일을 하는 사람'을 뜻하는 낱말을 앞 글에서 찾아 쓰세요. ㅣ어휘ㅣ

7 지구 주위를 돌면서 전파를 지구와 주고받아 통신할 수 있게 돕는 장치를 무엇이라고 할까요? ㅣ배경지식ㅣ

① 미사일   ② 통신 위성   ③ 혜성

④ 행성   ⑤ 전파망원경

숲에서 길을 잃었을 때, 우리는 나침반을 꺼내어 방향을 살핍니다. 나침반의 자석 바늘이 방향을 알려 주기 때문입니다. 그러면 나침반은 어떻게 방향을 알려 줄까요?

그것을 알기 위해서는 먼저 지구의 구조를 알아야 합니다. ㉠ 지구 내부는 네 층으로 이루어져 있습니다. 가장 바깥에는 우리가 살고 있는 지각이 있고, 그 안에는 맨틀, 또 그 안에 외핵과 내핵이 차례로 있습니다. 액체인 외핵이 움직여 지구의 자기상이 만들어집니다.

지구는 커다란 자석과 같습니다. ㉡ 북쪽은 S극, 남쪽은 N극을 띠고 있습니다. 그래서 나침반의 N이 북쪽으로, S가 남쪽으로 향합니다. 자기력은 남쪽에서 나와 북쪽으로 들어갑니다. 자기력이 나오는 남쪽을 '자남'이라고 하고, 반대로 자기력이 들어가는 북쪽을 '자북'이라고 부릅니다. 지구의 실제 남쪽과 북쪽은 '진남', '진북'이라 합니다. 자남과 자북은 진남, 진북과는 조금 다릅니다.

남극과 북극 주위에서는 오로라를 볼 수 있습니다. 태양은 태양풍이라는 것을 내뿜습니다. 자기장은 이 태양풍을 대부분 막아 줍니다. 태양풍은 남극과 북극 쪽으로만 지구로 조금 들어오는데, 이 과정에서 대기와 부딪쳐 빛을 내는 현상이 오로라입니다.

자기장은 지구를 지키는 역할을 합니다. 태양풍에는 방사능이 있습니다. 태양풍이 지구 표면에 그대로 닿으면 지구의 생물들은 방사능에 노출되어 죽거나 암에 걸리게 됩니다. 또 태양풍이 전기 제품들을 망가뜨릴 수도 있습니다. 자기장은 이런 태양풍에서 우리를 보호해 줍니다.

* 지각: 지구의 가장 바깥쪽 부분.
* 맨틀: 지구 내부의 핵과 지각 사이의 암석층. 지구 부피의 80% 이상을 이루고 있다.
* 자기장: 자석, 전류, 지구 표면과 같이 자기력이 미치는 공간.
* 자기력: 자석이나 전류가 서로 끌어당기거나 밀어내는 힘.
* 태양풍: 태양에서 방출되는 물질의 흐름.

자기장은 지구의 생물에게 방향을 알려 주기도 합니다. 땅 위에 사는 동물뿐 아니라 물속에 사는 동물들도 집을 찾아가기 위해 자기장을 이용합니다. 많은 동물이 자기력으로 방향을 알아 자신의 집이 있던 방향을 찾아갑니다.

1 이 글의 내용으로 맞는 것에는 O, 틀린 것에는 X 하세요. | 내용 파악 |

① 사람들은 나침반으로 방향을 알 수 있다.　　　　　　　　　　　　　(　　)

② 자기력은 지구 남쪽에서 나와 북쪽으로 들어간다.　　　　　　　　　(　　)

③ 지구의 실제 남쪽을 자남, 북쪽을 자북이라고 한다.　　　　　　　　(　　)

④ 지구의 북극 주위에서만 오로라를 볼 수 있다.　　　　　　　　　　　(　　)

2 다음 중 ㉠을 바르게 나타낸 것을 찾으세요. | 내용 파악 |

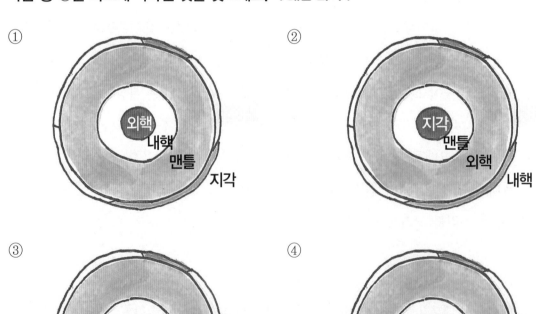

3 다음 중 이 글에 나오지 <u>않은</u> 내용을 찾으세요. |내용 파악|

① 지구의 내부 구조.　　　　　　　② 자기장이 생기는 까닭.

③ 오로라가 발생하는 까닭.　　　　④ 태양풍의 위험성.

⑤ 자기장을 이용하는 식물의 종류.

4 ⓛ이 일어나는 까닭을 제대로 설명한 것을 찾으세요. |배경지식|

① 자석은 다른 극끼리 당기는 성질이 있기 때문에.

② 자석은 같은 극끼리 당기는 성질이 있기 때문에.

③ 자석의 S극은 자기력과 상관없이 항상 북쪽을 가리키기 때문에.

④ 자석의 S극은 자기력과 상관없이 항상 남쪽을 가리키기 때문에.

⑤ 자석의 N극은 자기력과 상관없이 항상 남쪽을 가리키기 때문에.

5 다음 중 자기력의 방향이 옳은 그림을 찾으세요. |내용 파악|

①

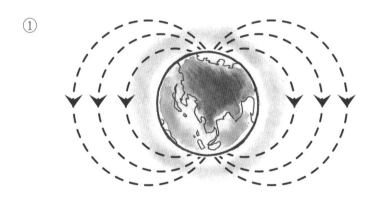

②

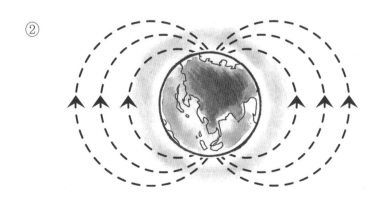

산길을 오르다 보면 병풍처럼 산을 둘러싸고 있는 긴 돌담과 마주칠 때가 있습니다. 바로 성입니다. 성은 적의 공격을 막기 위해 흙이나 돌, 나무 등으로 쌓은 커다란 담입니다. 특징에 따라 성을 다음 몇 가지로 나눕니다.

도성은 나라의 수도나 큰 도시를 지키기 위해 쌓은 성입니다. 고구려의 졸본성, 백제의 웅진성, 조선의 한양성 등이 있습니다. 조선을 세운 이성계는 수도를 한양으로 옮긴 후에 성을 쌓았습니다. 낙산, 백악산, 인왕산, 남산을 연결하여 쌓은 한양성 안에는 궁궐, 종묘, 사직단 등의 왕실 건물과 함께 백성들이 사는 집이 있었습니다. 또 한양성에는 사람이 드나들 수 있도록 동서남북 네 방향에 흥인지문, 돈의문, 숭례문, 숙정문을 만들었습니다.

조상들은 지방 도시를 지키기 위해 읍성을 쌓았습니다. 현재는 낙안 읍성과 해미 읍성 등이 남아 있습니다. 낙안 읍성은 전라남도 순천시 낙안면, 해미 읍성은 충남 서산시 해미면에 있습니다. 둘 다 조선 시대에 왜구를 막기 위해 쌓은 성입니다.

적들이 산을 넘어오지 못하도록 산세를 따라서 쌓은 것을 산성이라고 합니다. 우리나라 성의 대표적인 형태입니다. 적을 쉽게 살필 수 있도록 산 위쪽에 쌓았습니다. 북한산성, 남한산성, 금정산성 등이 대표적입니다. 이중 남한산성은 역사·문화적 가치를 인정받아 유네스코 세계 문화유산으로 등록되었습니다.

길게 둘러쌓은 성이라는 뜻의 '장성'은, 보통 나라의 외곽을 따라 짓습니다. 천리장성은 거란과 여진 등 북방 민족의 침입을 막기 위해 고려 시대에 쌓았습니다. 길이가 약 천 리에 이를 정도로 긴 성이라는 뜻에서 천리장성이라 이름 붙였으며, 약 12년에 걸쳐 만들었습니다.

성은 웅장함과 아름다움을 자랑하는 문화유산으로 우리나라 곳곳에 남아 있습니다.

* 종묘: 조선 시대 왕과 왕비의 위패(죽은 사람의 이름을 적은 나무패)를 모셔 놓은 집.
* 사직단: 임금이 백성을 위해 토지와 곡식의 신에게 풍년을 기원하며 제사를 지내던 곳.
* 북방: 북쪽 지방.

1 빈칸을 채워 이 글의 제목을 완성하세요. | 제목 |

우리나라의 ☐

2 다음 중 낱말 뜻을 <u>잘못</u> 풀이한 것을 고르세요. | 어휘 |

① 왜구: 옛날에 우리나라 침입하던 일본의 해적.

② 산세: 산의 모양새.

③ 외곽: 바깥의 둘레.

④ 리: 거리를 재는 단위. 1리는 약 393미터로, 1,000리는 약 393킬로미터.

⑤ 웅장함: 크기가 작지만 아름다움.

3 괄호 안에 알맞은 말을 넣어 표를 완성하세요. | 내용 파악 |

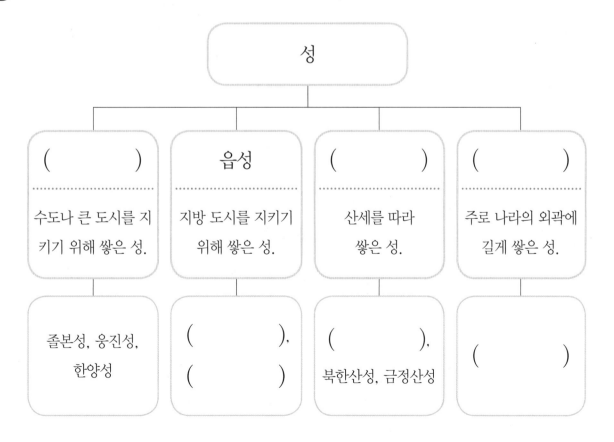

4 다음 지도에서 화살표가 가리키는 성의 이름을 앞 글에서 찾아 쓰세요. | 내용 파악 |

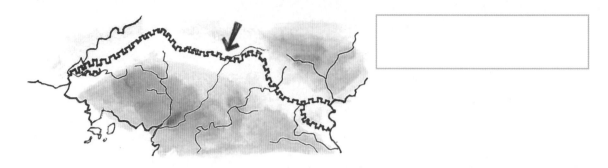

5 한양 도성을 그린 지도입니다. 지도와 설명을 보고 알맞은 낱말을 쓰세요. | 내용 파악 |

① 도성의 정문으로, 동쪽에 있어 동대문이라고도 부른다. 우리나라 보물 제1호다.

② 도성의 '남쪽에 있는 큰 대문'이라는 뜻에서 남대문이라고 부른다. 우리나라 국보 제1호다.

6 이 글의 내용과 <u>다른</u> 것을 고르세요. | 내용 파악 |

① 성은 크게 도성, 산성, 읍성, 장성으로 나눌 수 있다.

② 도성 안에는 왕족과 양반만 살았다.

③ 우리나라의 산성 가운데에는 유네스코 세계 문화유산으로 등록된 것이 있다.

④ 산성은 적을 쉽게 살필 수 있도록 산 위쪽에 쌓았다.

⑤ 낙안 읍성과 해미 읍성은 왜구를 막기 위해 조선 시대에 쌓은 성이다.

맑은 날 밤하늘에는 별이 떠 있습니다. ㉠ 불빛이 적은 작은 도시나 시골일수록 별이 더 잘 보입니다. 우주에는 별처럼 우리 눈에 보이는 천체도 있지만 보이지 않는 것은 그보다 훨씬 많습니다.

태양처럼 스스로 빛을 내는 별을 항성이라고 합니다. 그러나 이것들은 매우 멀리 떨어져 있어 작고 희미한 모습으로 보입니다. 밤하늘에서 반짝이는 천체는 대부분 항성입니다.

우리가 맨눈으로 볼 수 있는 천체 중에는 태양의 빛을 반사하여, 마치 스스로 빛을 내는 것처럼 보이는 '행성'도 있습니다. 행성은 '항성의 주변을 도는 천체'를 가리키는데, 지구에서는 수성, 금성, 화성, 목성, 토성 정도를 맨눈으로 볼 수 있습니다.

행성 주위를 도는 천체를 위성이라고 부릅니다. 위성도 스스로 빛을 내지는 않습니다. 하지만 지구의 위성인 달은 태양 빛을 반사하여 지구에서도 쉽게 볼 수 있습니다. 사람들이 쏘아 올린 위성도 있는데, 바로 인공위성입니다. 이 인공위성도 태양의 빛을 받아 우리 눈에 보이기도 합니다.

또, 하늘에 길게 빛을 그으며 밝게 빛나다가 사라지는 별똥별이 있습니다. 별똥별은 우주를 떠돌던 물체가 지구로 다가오다가 불타면서 빛나는 것입니다. 별똥별을 다른 말로 '유성'이라고 하고, 유성이 한꺼번에 많이 쏟아져 내리는 현상을 '유성우'라고 부릅니다.

천문학자들은 하늘을 여든여덟 부분으로 나누어 별자리 이름을 정하고 하늘의 지

---

* 천체: 우주에 존재하는 모든 물체.
* 항성: 별자리를 이루고 있어서 항상 제자리에 있는 것처럼 보인다고 하여 '붙박이별'이라고도 부른다. 밤하늘에 보이는 거의 모든 천체다.
* 행성: 항성 주위를 일정하게 도는 물체. '떠돌이별'이라고도 한다.
* 천문학자: 천문(우주와 천체의 모든 현상과 법칙)을 연구하는 학자.

도로 중요하게 사용하고 있습니다. 별자리도 수백, 수천 년이 지나면 그 모양이 바뀌어 지금의 모습을 잃을 수 있습니다. 실제로는 별들도 그 자리에 가만히 있는 것이 아니라, 매우 빠른 속도로 우주 공간을 움직이기 때문입니다. 그러나 지구에서 대단히 멀리 있기 때문에 그 위치 변화를 알아차리기는 쉽지 않습니다.

1 이 글에 가장 잘 어울리는 제목을 고르세요. | 제목 |

① 태양계의 행성

② 지구와 달

③ 천체

④ 지구의 위성

⑤ 밤하늘을 관측하는 천문학자

2 '유성이 비처럼 한꺼번에 많이 쏟아지는 현상'을 뜻하는 낱말을 찾아 쓰세요. | 어휘 |

3 ㉠의 내용과 가장 관계있는 것을 찾으세요. | 추론 |

① 작은 도시나 시골은 공기가 맑기 때문이다.

② 작은 도시나 시골에는 별이 더 많기 때문이다.

③ 대도시는 큰 건물이 많기 때문이다.

④ 대도시는 불빛이 너무 밝기 때문이다.

⑤ 대도시에는 사람이 많아 방해 받기 쉽기 때문이다.

4 이 글과 다른 것은 무엇인가요? |내용 파악|

① 별자리도 모양이 바뀔 수 있다.

② 달은 지구의 위성이다.

③ 밤하늘에 보이는 천체는 대부분 항성이다.

④ 태양계 행성 중에서 지구에서 맨눈으로 볼 수 있는 것도 있다.

⑤ 인공위성은 우리 눈에 보이지 않는다.

5 태양 주위를 도는 행성은 모두 여덟 개입니다. 아래 그림을 보고, 나머지 하나의 이름을 찾으세요. |배경지식|

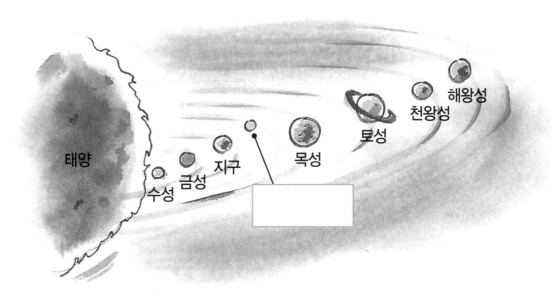

① 달   ② 핼리 혜성   ③ 화성

④ 명왕성   ⑤ 안드로메다

6 우주를 떠돌던 천체가 지구로 오다가 다 타지 않고, 남은 조각이 땅에 떨어지기도 합니다. 이것을 무엇이라고 할까요? |배경지식|

① 운석   ② 용암   ③ 보석

④ 화석   ⑤ 암석

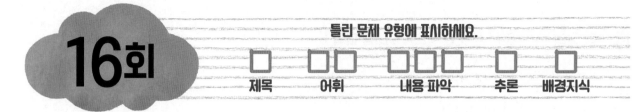

소풍이나 운동회가 있는 날 비가 내린다면 행사를 제대로 치르기 어렵습니다. 하지만 날씨를 미리 알 수 있다면 계획을 바꾸어, 일을 <u>그르치는</u> 것을 막을 수 있습니다. 이렇게 날씨를 미리 알려 주는 것을 '일기 예보'라고 합니다. 기상청은 날씨를 조사하여 사람들에게 일기 예보를 합니다.

기상청에서 일기 예보를 내보내기까지는 여러 과정을 거칩니다. 우선 날씨를 알아보기 위해 하늘과 구름의 상태, 기온, <u>습도</u> 등을 살피고 잽니다. 이런 일을 기상 관측이라고 합니다. 하늘과 바다, 땅에 있는 관측소는 물론이고, 인공위성을 통해서 날씨를 살펴보기도 합니다.

그다음, 기상청은 각 관측소에서 관찰한 자료를 수집합니다. 이때 슈퍼컴퓨터를 이용해서 예상 <u>일기도</u>를 만듭니다. 슈퍼컴퓨터에서 나온 일기도를 <u>예보관</u>들이 분석하고, 회의를 합니다. 그 결과로 일기 예보가 나옵니다.

마지막으로, 완성된 일기 예보를 방송사나 신문사, 인터넷 등에 내보내면 사람들이 일기 예보를 보고 들을 수 있습니다.

날씨는 예보하는 기간에 따라서 단기 예보, 중기 예보, 장기 예보 등으로 나눌 수 있습니다. 뉴스에서 알리는 오늘이나 내일의 날씨는 단기 예보입니다. 중기 예보는 보통 일주일의 날씨를 미리 알려 주는 것을 말합니다. 한 달, 3개월 등의 날씨를 미리 알려 주는 것은 장기 예보라고 합니다.

기상청은 하늘의 상황만 알려 주는 기관은 아닙니다. 지진이나 <u>해일</u> 등 땅과 바다에서 일어나는 일도 알려 줍니다. 지구의 기후를 조사하여 예측하기도 합니다. 또 장마, 태풍 같은 기상 재난을 예측하여 알립니다.

일기 예보는 텔레비전이나 신문 같은 언론을 통해 국민에게 알려집니다. 또 기상청 홈페이지나 ㉠ 일기 예보 안내 전화로도 일기 예보를 보거나 들을 수 있습니다.

* 슈퍼컴퓨터: 많은 양의 데이터를 초고속으로 처리할 수 있는 컴퓨터.

1 빈칸에 알맞은 낱말을 넣어 이 글의 제목을 지어 보세요. | 제목 |

기상청과 ☐☐ ☐☐

2 밑줄 친 낱말의 뜻을 적었습니다. 바르지 <u>않은</u> 것을 찾으세요. | 어휘 |

① 그르치는: 일을 잘못되게 하는.

② 습도: 따뜻하고 차가운 정도.

③ 일기도: 어떤 지역의 날씨 상태를 나타낸 그림.

④ 예보관: 날씨 상태를 예측하여 알려 주는 사람.

⑤ 해일: 바닷속 땅의 변화 때문에 갑자기 바닷물이 육지로 넘쳐 들어오는 현상.

3 다음 빈칸에 알맞은 낱말을 둘 중에 골라 쓰세요. | 어휘 |

(1) 텔레비전에서 내일 ☐☐ 를 알려 주었다. (날씨 / 기후)

     * 그날그날의 기상 상태.

(2) 우리나라 같은 온대 ☐☐ 국가는 쌀농사를 짓기에 좋다. (날씨 / 기후)

     * 어떤 지역에서 여러 해 동안 나타나는 기상의 평균 상태.

4 이 글의 내용과 맞는 것에는 O, 틀린 것에는 X 하세요. | 내용 파악 |

① 기상청은 태풍이 오는 것을 미리 알려 준다.   (   )

② 내일의 날씨를 미리 알리는 것은 중기 예보다.   (   )

③ 날씨는 텔레비전과 신문으로만 확인할 수 있다.   (   )

④ 인공위성을 통해 날씨를 살펴볼 수 있다.   (   )

5 이 글에 나오지 <u>않은</u> 내용은 무엇인가요? | 내용 파악 |

① 기상청이 하는 일.

② 날씨 예보의 종류.

③ 일기 예보가 만들어지는 과정.

④ 태풍에 대비하는 방법.

⑤ 일기 예보를 보거나 들을 수 있는 방법.

6 기상청에서 일기 예보를 만드는 과정입니다. 빈칸을 채워 표를 완성하세요. | 내용 파악 |

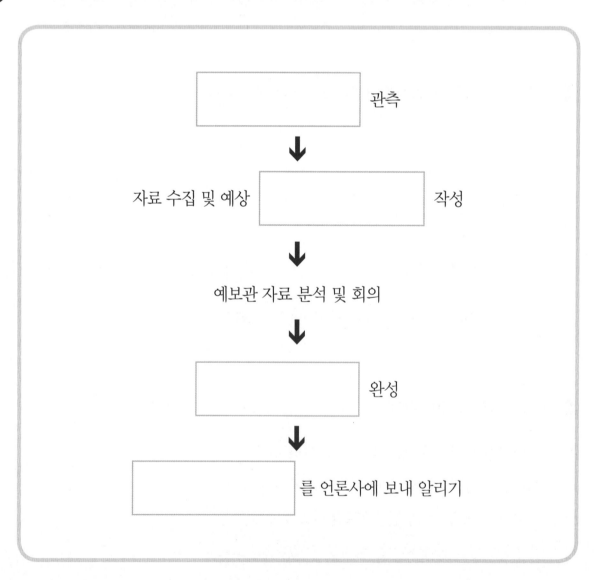

7 다음 글을 읽고 빈칸에 가장 알맞은 말을 찾으세요. | 추론 |

> 옛날에는 오늘날처럼 날씨를 과학적으로 예측할 수 없었다. 그 대신 우리 조상들은 오랫동안 쌓아온 경험을 바탕으로 다음 날의 날씨를 미리 알았다.
>
> '달팽이가 길에 나오면 다음 날 비가 온다', '제비가 낮게 날면 비가 온다'라는 말이 있다. 물기를 좋아하는 달팽이가 비가 올 것을 미리 알고 길에 나오는 것을 보고 만든 말이다. 또 공기 중에 물기가 많아 날개가 무거워지면, 제비가 낮게 나는 것에서 비롯한 말이다. 이처럼 우리 조상들은 [   ] 날씨를 예측했다.

① 하늘의 별을 관찰해서.

② 과학적인 도구를 사용해서.

③ 주변의 자연환경을 관찰해서.

④ 점쟁이가 점을 쳐서.

⑤ 책을 보고.

8 다음은 ㉠을 포함한 공공기관 서비스 전화번호입니다. 전화번호와 내용을 알맞게 짝지으세요. | 배경지식 |

① 117 •	• 일기 예보 안내
② 131 •	• 청소년 고민 상담
③ 1388 •	• 학교 폭력 상담

저녁에 조용하고 깨끗한 물가에 가면 반짝반짝 빛을 내며 하늘을 나는 곤충을 볼수 있습니다. 우리가 흔히 개똥벌레라고도 부르는 '반딧불이'입니다.

반딧불이는 어른 손톱 정도의 길이에, 몸은 가늘고 길게 생겼습니다. 더듬이는 몸 길이의 반 정도입니다. 주황색의 가슴에는 날개와 다리가 붙어 있습니다. 단단한 ㉠딱지날개는 속날개와 배를 보호합니다. 배는 7~8마디로 되어 있는데, 수컷은 그 끝의 첫 번째와 두 번째 마디에서, 암컷은 두 번째 마디에서만 빛을 냅니다. 배에 있는 발광세포에서 화학 물질이 나와 산소와 결합하면서 빛을 냅니다.

옛날 사람들이 반딧불이를 등불로 사용했다는 이야기도 전합니다. 중국 진나라의 차윤이라는 선비는 가난 때문에 등을 밝힐 기름을 살 수가 없었습니다. 그래서 반딧불이를 잡아 밤에 그 빛으로 책을 읽었습니다. 거기에서 '㉡ [　　　　　　　]'(이)라는 고사성어가 생겼습니다.

반딧불이는 나무뿌리나 축축한 이끼에 300~500개의 알을 낳습니다. 반딧불이의 알은 보통 옅은 노란색의 공 모양으로, 20~25일이 지나면 부화합니다. 알에서 깨어난 애벌레는 10개월 정도 물속에서 삽니다.

애벌레는 낮에 숨어 있다가 밤이 되면 나와 다슬기, 달팽이, 조개 등을 잡아먹습니다. 허물을 여섯 번 벗으며 몸을 키운 뒤, 땅속에 들어가 고치를 만들고 번데기가 됩니다. 그렇게 40일을 지내면 성충이 되어 세상으로 나옵니다. 반딧불이 성충은 15일 정도 살 수 있습니다.

* 발광세포: 빛을 내는 세포.
* 고사성어: 옛이야기에서 생겨난, 한자로 이루어진 말.
* 부화: 동물의 알 속에서 새끼가 껍데기를 깨고 밖으로 나오는 일.
* 허물: 파충류나 곤충 등이 자라면서 벗는 껍질.
* 번데기: 곤충의 애벌레가 자라면서 한동안 아무것도 먹지 않고 고치 속에 들어 있는 몸.
* 성충: 다 자란 어른 곤충.　예 어른벌레

어른이 된 수컷 반딧불이는 이슬을 먹고 살며 물가에서 짝을 찾아 날아다닙니다. 암컷과 수컷 모두 빛을 낼 수 있지만 ⓒ 더 밝은 빛을 내는 것은 수컷입니다. 수컷과 암컷이 만나 짝짓기를 하고 나면, 암컷은 축축한 물풀, 이끼, 습한 흙 등을 찾아 알을 낳습니다.

반딧불이는 깨끗한 강가나 습지에서 생활합니다. 요즘에는 환경 오염으로 살 곳이 줄어들어 반딧불이의 수도 줄고 있습니다.

* 습지: 축축한 땅.

1 빈칸에 알맞은 낱말을 넣어 이 글의 제목을 지어 보세요. | 제목 |

| | 의 한살이

2 이 글의 내용과 맞는 것에는 O, 틀린 것에는 X 하세요. | 내용 파악 |

① 반딧불이는 발광세포의 화학물질이 산소와 결합하면서 빛을 낸다. (　　　)

② 반딧불이의 알은 검은색이다. (　　　)

③ 반딧불이 애벌레는 다슬기나 달팽이를 잡아먹는다. (　　　)

④ 반딧불이는 성충이 되어 20~25일을 산다. (　　　)

⑤ 반딧불이는 수컷만 빛을 낼 수 있다. (　　　)

⑥ 반딧불이는 깨끗한 강가나 습지에서 산다. (　　　)

3 반딧불이의 다른 이름은 무엇인가요? | 내용 파악 |

4 이 글에 나오지 <u>않는</u> 내용을 찾으세요. | 내용 파악 |

① 반딧불이 애벌레의 먹이.

② 반딧불이가 빛을 내는 원리.

③ 반딧불이를 잡아먹는 동물.

④ 반딧불이와 관련한 옛이야기.

⑤ 반딧불이가 알을 낳는 장소.

5 ㉠의 뜻과 역할을 바르게 설명한 것을 찾으세요. | 어휘 |

① 곤충의 앞날개. 날 때 방향을 조절한다.

② 곤충의 앞날개. 소리를 낼 때 사용한다.

③ 곤충의 뒷날개. 날 때, 앞으로 나가는 힘을 낸다.

④ 곤충의 딱딱한 겉날개. 단단한 날개로 속날개와 배를 보호한다.

⑤ 곤충의 속날개. 딱딱한 겉날개를 펼치면 이 날개를 움직여 하늘을 난다.

6 ㉡에 들어갈 고사성어를 찾으세요. | 어휘 |

① 작심삼일(作心三日): 결심이 굳지 못함을 이르는 말.

② 형설지공(螢雪之功): 고생하면서도 부지런히 공부하는 자세를 이르는 말.

③ 타산지석(他山之石): 남의 말이나 행동을 보고 자신의 품성을 키울 수 있다는 말.

④ 자업자득(自業自得): 자기가 저지른 일의 결과는 자기가 받는다는 말.

⑤ 대기만성(大器晚成): 크게 될 사람은 늦게 이루어진다는 말.

7 '벌레가 알, 애벌레, 번데기를 보호하기 위해, 실을 내어 지은 집'의 뜻을 지닌 낱말을 이 글에서 찾아 쓰세요. ㅣ어휘ㅣ

8 ㉢에서 수컷이 더 밝은 빛을 내는 이유로 알맞은 것을 고르세요. ㅣ추론ㅣ

① 수컷이 암컷보다 힘이 더 세기 때문이다.

② 수컷이 암컷을 찾아다녀야 하기 때문이다.

③ 수컷은 배의 두 마디, 암컷은 한 마디에서 빛을 내기 때문이다.

④ 수컷이 암컷보다 몸집이 더 크기 때문이다.

⑤ 암컷이 알을 낳을 장소를 쉽게 찾도록 도와주기 때문이다.

9 다음 글을 읽고 옳은 내용을 찾으세요. ㅣ적용ㅣ

> 애벌레에서 성충(어른벌레)으로 변하는 과정을 '탈바꿈'이라고 한다. 탈바꿈은 완전 탈바꿈과 불완전 탈바꿈으로 나눌 수 있다.
>
> 완전 탈바꿈은 곤충이 자라면서 알, 애벌레, 번데기의 과정을 거쳐 성충이 되는 것이다. 나비, 파리, 풍뎅이 등이 완전 탈바꿈으로 성충이 된다.
>
> 알, 애벌레를 지나, 번데기 과정 없이 바로 성충이 되는 과정을 불완전 탈바꿈이라고 한다. 메뚜기, 사마귀 등이 불완전 탈바꿈을 하는 곤충이다.

① 반딧불이는 탈바꿈을 하지 않는다.

② 반딧불이는 곤충이 아니다.

③ 반딧불이는 애벌레의 모습과 성충의 모습이 똑같다.

④ 반딧불이는 번데기가 되지 않는, 불완전 탈바꿈 곤충이다.

⑤ 반딧불이는 애벌레 때와 성충 때의 모습이 다른, 완전 탈바꿈 곤충이다.

문화재는 우리 겨레의 정신이 담긴 유물입니다. 또 우리 겨레 모두가 보고 배울 수 있는 역사 자료입니다. 따라서 우리는 문화재를 사랑하고 아껴야 합니다.

문화재를 훼손하지 않습니다. 박물관에 있는 물건들뿐 아니라, 오래된 사찰, 탑 등도 문화재입니다. 문화재가 있는 곳에 가서 다녀간 사실을 낙서로 남기는 일은 옳지 않습니다. 낙서는 지우기도 어렵고, 지우더라도 문화재가 훼손될 수 있습니다.

쓰레기를 문화재나 그 근처에 버리지 않습니다. 특히 건물의 갈라진 틈이나 구멍에 쓰레기를 넣으면 빼내기 어려울 뿐 아니라 빼내면서 문화재에 상처가 날 수도 있습니다.

문화재를 볼 때에는 관람 규칙을 잘 지켜야 합니다. 손상되기 쉬운 문화재는 그곳에 들어가거나 만지지 말라고 적혀 있습니다. 이런 단순한 규칙을 지키는 것도 문화재를 사랑하는 행동입니다.

평소에 우리 문화재에 더 관심을 쏟고 알아보는 것도 좋은 방법입니다. 우리 주변에 어떤 문화재가 있고, 그것은 언제 어떻게 만들어졌는지 조사해 봅니다. 또 우리나라의 주요 문화재를 알아보고 직접 찾아가 살펴보면 문화재에 애정이 생깁니다.

문화재는 우리가 사랑하고 아낄수록 더 잘 보존되어 후손에게 온전히 물려 줄 수 있습니다.

* 사찰: 스님이 불교의 도를 닦으며 지내는 집. 🔵 절
* 온전히: 원래 모습 그대로.

1 이 글의 중심 소재는 무엇인가요? |핵심어|

① 문화재   ② 낙서   ③ 쓰레기

④ 문화재 관람 규칙   ⑤ 우리의 역사

2 문화재를 사랑하고 아껴야 할 이유 두 가지를 찾아 쓰세요. |내용 파악|

(1)

_____

(2)

_____

3 문화재를 아끼는 방법 네 가지는 무엇인가요? 이 글에서 찾아 쓰세요. |내용 파악|

(1)

_____

(2)

_____

(3)

_____

(4)

_____

4 이 글의 내용을 가장 잘 이해한 사람은 누구인가요? |내용 파악|

① 윤주: 절 같은 종교 시설은 문화재가 아니야.

② 정희: 낙서를 지우는 기술이 발전했으니 문화재에 낙서를 해도 돼.

③ 근호: 절대로 문화재 안에 들어가서는 안 돼.

④ 진우: 문화재에 관심을 두고 알아보는 것도 문화재를 아끼는 태도야.

⑤ 연경: 외국에 있는 우리 문화재를 돌려달라고 하는 것은 바람직하지 않아.

여러분은 평소에 무엇을 하며 노나요? 예전에는 수업이 끝나면 운동장이나 놀이터에서 친구들과 함께 신나게 뛰어노는 어린이가 많았습니다. 요즘에는 밖에서 친구들과 함께 노는 대신, 혼자 게임을 하거나 텔레비전을 보는 어린이가 많습니다. 하지만 밖에서 뛰어노는 것은 여러 장점이 있습니다.

몸이 튼튼해집니다. 앉아서 게임을 하거나 텔레비전을 보면 눈이 나빠지거나 살이 찌기 쉽습니다. 하지만 밖에서 친구들과 공놀이, 줄넘기, 술래잡기 등을 하며 뛰어놀면 비만을 예방할 수 있습니다. 또 놀이를 통해 운동을 하면 면역력이 강해져 질병을 미리 막을 수도 있습니다.

친구들과 뛰어놀다 보면 사이가 좋아집니다. 평소에 친하지 않던 사이라도 함께 놀다 보면 서먹한 마음이 풀어지면서 점차 가까워집니다. 또 규칙을 정하거나 같은 편끼리 힘을 모으는 과정을 통해 협동심과 배려심을 배우고, 친구에 대한 믿음도 쌓을 수 있습니다.

밖에서 하는 놀이는 스트레스를 푸는 데에 도움이 됩니다. 요즘 어린이들은 학교와 학원을 오가며 공부하느라 스트레스를 많이 받습니다. 스트레스가 쌓이면 잠을 못 자거나 우울해질 수도 있습니다. 하지만 놀이를 하면 크게 웃고 떠들며 즐거운 시간을 보낼 수 있습니다. 그러는 동안 몸과 마음의 긴장이 풀어지면서 스트레스가 줄어들고 활력을 찾게 됩니다.

친구들과 노는 것은 시간 낭비일 뿐이라고 생각하는 사람도 있습니다. 하지만 친구들과 함께 뛰어놀면 몸과 마음이 건강해집니다. 친구들과 학교생활도 즐겁게 할 수 있습니다. 지금이라도 컴퓨터와 텔레비전을 끄고 밖에 나가서 친구들과 뛰어노는 건 어떨까요?

* 서먹한: 친하지 않거나 낯설어 어색한.
* 활력: 살아 움직이는 힘.

1 이 글의 내용과 다른 것을 찾으세요. | 내용 파악 |

① 요즘에는 게임을 하면서 혼자 노는 아이들이 많다.

② 친구들과 뛰어놀면 비만을 예방할 수 있다.

③ 친구들과 함께 놀면 협동심과 배려심을 기를 수 있다.

④ 밖에서 친구들과 뛰어놀면 스트레스를 줄일 수 있다.

⑤ 친구들과 뛰어놀면 학교 공부를 잘할 수 있다.

2 글쓴이의 주장과 이유를 정리한 표입니다. 빈칸을 알맞게 채우세요. | 내용 파악 |

주장	밖에서 친구들과 함께 뛰어노는 시간을 늘리자.
이유	1. 몸이 튼튼해진다.
	2.
	3.

3 다음 중 이 글에 나오지 않은 내용은 무엇인가요? | 내용 파악 |

① 밖에서 놀이를 하면 좋은 점.

② 스트레스의 나쁜 점.

③ 밖에서 뛰어놀면 몸이 튼튼해지는 까닭.

④ 옛날 아이들이 했던 놀이의 종류.

⑤ 요즘 어린이들의 놀이.

4 '몸에 들어온 병균을 막아 내는 힘'의 뜻을 지닌 낱말을 찾아 쓰세요. | 어휘 |

5 놀이의 장점 중에서, 다음 글과 가장 관련이 깊은 것은 무엇인가요? | 적용 |

> 새 학교로 전학 온 첫날, 예슬이는 어색한 마음에 쉬는 시간에도 가만히 자리에 앉아 있었다. 점심시간이 되자 앞자리에 있던 친구들이 예슬이에게 함께 술래잡기를 하자며 말을 건넸다. 예슬이는 기쁜 마음으로 친구들과 놀이를 했다. 놀이가 끝나고, 친구들은 예슬이에게 다음에도 같이 하자고 했다. 전학생이라 걱정이 많았던 예슬이는 술래잡기를 하며 친구들을 사귀게 되었다.

① 놀이를 하면 몸을 튼튼히 할 수 있다.

② 놀이를 하면 친구들과 사이가 좋아진다.

③ 놀이를 하면 스트레스를 풀 수 있다.

④ 놀이를 하면 협동심을 배울 수 있다.

⑤ 놀이를 하면 공부를 잘할 수 있다.

6 친구들과 놀이에 관해 이야기를 나누었습니다. 이 글의 내용과 거리가 먼 이야기를 한 친구는 누구인가요? | 적용 |

① 승연: 나는 놀이를 하면 공부할 시간이 줄어든다고만 생각했어. 하지만 노는 것을 통해서 협동심과 배려심을 기를 수 있다니, 앞으로 친구들과 자주 놀아야겠어.

② 현욱: 친구들과 신나게 놀고 나면 스트레스가 풀려. 공부하느라 스트레스가 쌓였는데 친구와 신나게 자전거를 타고 나면 기분이 좋아지고 힘이 생겨.

③ 지희: 친구들과 놀면 더 친해질 수도 있어. 웃고 떠드는 사이에 어색한 기분도 사라지고, 땀 흘려 뛰어놀고 나면 친구들과 더 가까워진 느낌이 들어.

④ 은빈: 나는 원래 체력이 약했는데 점심시간마다 친구들과 공놀이를 했더니 지금은 건강해졌어. 앞으로도 재미있게 뛰어놀래.

⑤ 영훈: 공부하느라 스트레스가 많이 쌓일 때에는 놀이가 최고야. 오늘 우리 집에 모두 모여서 신나게 컴퓨터 게임 하자.

틀린 문제 유형에 표시하세요.

☐ ☐☐☐ ☐ ☐ ☐
제목　　내용 파악　　어휘　　적용　　배경지식

부모님은 우리를 낳고 길러 주신 분입니다. 부모님께서 계시기에 우리가 태어났고 지금까지 건강하게 자랄 수 있었습니다. '효도'란 부모님의 은혜를 생각하며 정성껏 모시는 일을 뜻합니다. 그러면 우리가 효도를 실천할 수 있는 방법은 어떤 것이 있을까요?

부모님께 말과 행동을 공손히 합니다. 그러기 위해서는 부모님께 감사한 마음을 가슴 깊이 새겨야 합니다. 말과 행동은 마음에서 우러나오기 때문입니다. 부모님께 존경과 감사의 마음을 담아 말과 행동을 실천합니다. 말투를 상냥하게 하고 인사를 잘하는 것이 효도의 기본입니다.

자기 일은 스스로 합니다. 숙제를 하거나 준비물을 챙기고, 자기 방을 치우는 일 등은 스스로 합니다. 부모님께 의존하면 내가 해야 할 일을 부모님께서 대신하시게 됩니다. 자신이 맡은 일을 스스로 하는 것이 부모님을 돕는 것이자 효도입니다.

부모님의 마음을 편안하게 해 드립니다. 밖에 나가거나 들어왔을 때는 부모님께 알립니다. 갈 곳과 돌아올 시간을 말씀드린 후에 허락을 받습니다. 돌아온 후에는 부모님께 인사를 드려 걱정하시지 않게 합니다. 형제자매들과 다투지 않고 사이좋게 지내는 것도 부모님의 마음을 편안하게 해 드리는 좋은 방법입니다.

효도는 어려운 일이 아닙니다. 위에서 살펴본 것처럼 부모님을 사랑하는 마음을 품고, 자신이 할 일을 하는 것이 효도입니다. 이제는 우리도 부모님의 사랑을 마음속에 새기고 효도를 행동으로 옮겨야 합니다.

* 공손히: 윗사람을 대하는 태도가 예의 바르고 얌전하게.
* 새겨야: 잊지 않고 마음속에 기억해야.
* 우러나오기: 생각, 감정, 성질 따위가 마음속에서 저절로 생겨나기.
* 상냥하게: 예의 바르고 다정하며 친절하게.

1 빈칸을 채워 이 글의 제목을 완성하세요. **| 제목 |**

부모님께 [ ][ ] 하자

2 이 글의 내용과 <u>다른</u> 것을 고르세요. **| 내용 파악 |**

① 부모님은 나와 가까운 사이이므로 높임말을 쓰지 않는다.

② 우리는 부모님 덕분에 건강하게 자랄 수 있다.

③ 부모님께 감사한 마음을 지니면 말과 행동이 공손해진다.

④ 자기 일을 스스로 하는 것은 부모님을 돕는 일이다.

⑤ 외출할 때에는 부모님께 말씀을 드리고 허락을 받아야 한다.

3 이 글에서 '효도'의 뜻을 찾아 쓰세요. **| 내용 파악 |**

4 빈칸을 채워 표를 완성하세요. **| 내용 파악 |**

주장	
까닭	우리를 낳고 길러 주셨다.
실천 방법	1.
	2. 자기 일은 스스로 한다.
	3.

5 낱말과 낱말 풀이를 읽고 바르게 짝지으세요. |**어휘**|

(1) | 은혜 | •   • | 남의 훌륭한 인격, 생각 등을 높이 받듦. |

(2) | 의존 | •   • | 베풀어 주는 고마운 일. |

(3) | 존경 | •   • | 혼자 못하고 남의 도움을 받아서 하는 것. |

6 다음 중 효도를 실천하는 방법을 <u>잘못</u> 말한 사람은 누구인가요? |**적용**|

① 수영: 내 방은 내가 청소해.

② 지은: 나는 부모님 생신이나 어버이날에는 부모님께 감사 편지를 드려.

③ 재중: 나는 바쁘신 부모님을 대신해 동생을 잘 돌봐.

④ 효은: 나는 사실을 말하면 부모님이 걱정하실까 봐 가끔 거짓말을 해.

⑤ 경원: 나는 집에 돌아오자마자 숙제를 하고, 다음 날 사용할 준비물을 챙겨.

7 다음 설명에 해당하는 날짜와 기념일을 쓰세요. |**배경지식**|

> 미국에서 한 여성이 '어머니를 기억하는 모임'을 만들어, 교회에서 카네이션을 나누어 준 것에서 유래했다. 우리나라는 1956년 '어머니날'로 지정했다가 1973년에 이름을 지금처럼 바꾸었다. 이날 자녀들은 부모님에 대한 감사의 표시로 선물을 하거나 카네이션을 달아 드린다. 카네이션의 꽃말은 '사랑, 감사, 존경'이다.

(   )월 (   )일 | | | | 날 |

틀린 문제 유형에 표시하세요.

핵심어　주제　내용 파악　적용　어휘　요약

[가] 운동으로 땀을 흘리고 나면 여러분은 무엇을 떠올리나요? 아이스크림이나 콜라, 사이다를 생각하는 사람이 많을 것입니다. 하지만 건강을 생각한다면 물을 마셔야 합니다.

[나] 몸은 여러 물질로 이루어져 있습니다. 그중 물은 우리 몸의 약 70퍼센트를 차지하고 있습니다. 물은 땀, 눈물, 소변 등으로 우리 몸에서 빠져나갑니다. 따라서 내보낸 만큼 물을 마셔야 건강을 지킬 수 있습니다.

[다] 음식을 통해 얻은 영양분은 대부분 피를 통해 온몸으로 이동합니다. 그런데 피의 대부분을 차지하는 것이 바로 물입니다. 만약 몸에 물이 부족하면 필요한 영양분을 우리 몸에 제대로 보낼 수 없습니다.

[라] 또 물은 우리 몸에 있는 나쁜 물질을 소변이나 땀으로 내보냅니다. 만약 물을 충분히 마시지 않는다면, 나쁜 물질을 몸 밖으로 내보내지 못해 몸에 쌓이게 됩니다.

[마] 목이 마르면 물 대신 청량음료를 마시려는 어린이들이 많습니다. 이 음료는 맛이 좋긴 하지만 설탕이 들어 있어서 많이 마시면 충치가 생기거나 살이 찔 수 있습니다. 또 청량음료에 들어 있는 카페인은 몸 안의 물을 빠져나가게 합니다. 그래서 마셔도 갈증이 쉽게 사라지지 않고, 물을 보충하지 못합니다.

[바] 우리는 목이 마르지 않으면 거의 물을 찾아 마시지 않습니다. 하지만 어린이는 하루에 물을 6~7컵 정도 마시는 것이 좋습니다. 생활을 하기 위해 우리 몸에는 충분한 물이 필요합니다. 그러므로 건강을 유지하기 위해 평소에 꼬박꼬박 물을 챙겨 마셔야 합니다.

* 청량음료: 콜라, 사이다와 같이 탄산가스가 들어 있어 산뜻하고 시원한 느낌을 주는 음료.
* 카페인: 커피의 열매나 잎, 찻잎, 콜라나무 열매, 카카오 잎 등에 들어 있는 쓴맛 나는 성분. 흥분시키거나 소변을 잘 나오게 한다.

1 이 글의 중심 낱말을 고르세요. **| 핵심어 |**

① 청량음료　　　　② 흡수　　　　　　③ 물
④ 영양분　　　　　⑤ 색소

2 글쓴이가 말하고자 하는 내용은 무엇인가요? **| 주제 |**

① 물을 마시자.　　　　　　② 청량음료를 마시지 말자.
③ 물을 아껴 쓰자.　　　　　④ 우리 몸은 물로 이루어져 있다.
⑤ 물은 우리 몸에서 여러 가지 일을 한다.

3 이 글의 내용으로 맞는 것에는 O, 틀린 것에는 X 하세요. **| 내용 파악 |**

① 우리 몸은 약 70%가 물로 이루어져 있다.　　　　　　　　（　　　）
② 물은 우리 몸에 있는 나쁜 물질을 밖으로 내보낸다.　　　（　　　）
③ 목이 마를 때 콜라를 마시면 좋다.　　　　　　　　　　　（　　　）
④ 어린이는 하루에 물을 10컵 이상 마셔야 한다.　　　　　　（　　　）
⑤ 물은 우리 몸에 들어온 영양분을 필요한 곳으로 날라 준다.（　　　）

4 다음 글은 [가] ~ [마] 중 어느 문단과 관련이 있는지 고르세요. **| 적용 |**

> 　　나는 물입니다. 사람의 몸속에서 나는 아주 바쁘답니다. 음식물이 들어와 영양소로 바뀌면 여기저기로 옮겨야 하거든요. 만약 내가 부족하면 생활하는 데에 필요한 에너지를 얻기 힘들어져요.

① [가]　　　　　② [나]　　　　　③ [다]
④ [라]　　　　　⑤ [마]

5 '목이 말라 물을 마시고 싶은 느낌'이란 뜻을 지닌 낱말을 앞 글에서 찾아 쓰세요. | 어휘 |

6 두 사람의 대화를 읽고, 밑줄 친 곳에 가장 알맞은 말을 고르세요. | 적용 |

> 영호: 와, 시원하다. 역시 목마를 때에는 콜라가 최고야.
>
> 수지: 너는 콜라를 너무 좋아해. 목이 마를 때 청량음료만 마시는 것은 좋지 않아.
>
> 영호: 콜라는 시원하고 맛도 있잖아. 그런데 왜 청량음료가 안 좋은 거니?
>
> 수지: 그건 _____ .

① 콜라에는 이산화탄소가 들어 있기 때문이야.

② 청량음료는 설탕과 카페인이 들어 있어 몸에 나쁘기 때문이야.

③ 물이 우리 몸의 영양분을 옮겨주기 때문이야.

④ 입맛이 없어지게 하기 때문이야.

⑤ 청량음료는 맛이 좋아서 자꾸 먹고 싶어지기 때문이야.

7 빈칸을 채워 이 글의 내용을 정리해 보세요. | 요약 |

> 우리 몸은 약 ☐ 퍼센트가 물로 이루어져 있다. 물은 우리 몸에서
>
> ☐☐☐ 을 나르고, 몸속에 있는 나쁜 물질을 소변이나 ☐ 으
>
> 로 내보낸다. 청량음료에는 ☐☐ 이 들어 있어서 많이 마시면 충치가
>
> 생기거나 살이 찔 수 있다. 어린이는 하루에 물을 6~7컵 마시는 것이 좋다.

인간은 사회적 동물입니다. 혼자 떨어져 살 수 없기 때문에 집단을 이루어 서로 도우며 살아갑니다. 공동생활에서 우리는 대화를 통해 상대와 생각을 주고받습니다. 대화는 공동생활을 해 나가는 데에 매우 중요한 수단입니다.

대화를 나눌 때에는 상대방의 이야기를 잘 듣는 것이 중요합니다. 대화는 서로의 생각을 주고받는 행위입니다. 내 얘기가 끝나면 상대방에게도 말할 기회를 주어야 합니다. 또 상대방의 말을 끊지 말고 끝까지 잘 들어야 합니다. 그래야 상대방의 생각을 잘 이해할 수 있습니다.

상대방의 의견을 존중합니다. 상대방의 말이 내 생각과 다르다고 해서 비웃거나 무시하면 안 됩니다. 나의 의견이 소중한 만큼 상대방의 생각도 존중해야 합니다. 같은 생각을 하는 사람도 있지만, 비슷한 의견, 반대 의견도 있을 수 있습니다. 이렇게 다양한 의견이 모여 사회가 이루어집니다.

상대에게 욕이나 부정적인 말을 하지 않습니다. 욕이나 '싫어', '짜증 나', '귀찮아' 등의 부정적인 말은 듣는 사람을 불쾌하게 하고 대화도 즐겁지 않게 만듭니다. 반면, '좋아', '할 수 있어', '재밌어' 등 긍정적인 말을 하면 기분이 좋아지고 대화도 활기차게 진행됩니다.

분명한 목소리로 말하는 것이 좋습니다. 말끝을 흐리거나 우물쭈물하면 내용이 정확히 전달되지 않습니다. 끝까지 분명한 목소리로 말하면 의사를 정확히 전달할 수 있어 대화를 매끄럽게 이어갈 수 있습니다.

'말 한마디로 천 냥 빚을 갚는다'라는 속담이 있습니다. 어려운 일도 말 한마디로 해결할 수 있다는 뜻입니다. 우리는 말로 상대에게 상처를 주기도 하고, 상대에게서 용기를 얻기도 합니다. 상대방을 존중하고 배려하는 마음과 올바른 태도로 이야기를 나누면 대화가 즐거워집니다.

1 이 글의 주제로 가장 알맞은 것을 고르세요. **| 주제 |**

① 인간은 사회적 동물이다.

② 대화는 공동생활에서 중요한 수단이다.

③ 욕을 하지 말자.

④ 긍정적인 말을 하자.

⑤ 올바른 태도로 대화하자.

2 밑줄 친 낱말의 뜻풀이로 바르지 <u>않은</u> 것을 고르세요. **| 어휘 |**

① 반면: 뒤에 오는 말이 앞의 내용과 반대됨을 나타내는 말.

② 활기차게: 힘이 넘치고 생기 있게.

③ 말끝: 말이 시작되는 부분.

④ 우물쭈물하면: 말이나 행동을 분명하게 하지 않으면.

⑤ 의사: 무엇을 하려는 생각.

3 다음 낱말의 반대말을 찾아 쓰세요. **| 어휘 |**

① 부정 ↔ ☐☐   ② 유쾌 ↔ ☐☐

4 이 글의 내용과 거리가 <u>먼</u> 것을 고르세요. **| 내용 파악 |**

① 대화는 공동생활에서 중요한 수단이다.

② 내 얘기가 끝나면 상대방에게도 말할 기회를 주어야 한다.

③ 내 생각은 항상 옳다.

④ 인간은 혼자 떨어져 살 수 없다.

⑤ 말끝을 흐리면 내용이 정확히 전달되지 않는다.

5 다음 중 대화 예절이 바른 사람은 누구인가요? |적용|

① 예준: 세호와 만나서 두 시간 동안 나 혼자만 말했어.

② 승아: 정은이 이야기가 재미없어서 들은 척도 안 했어.

③ 은혁: 중원이가 자꾸 욕을 섞어 말해서 나도 같이 욕을 했어.

④ 세연: 수호의 말이 어이가 없어서 코웃음 쳤어.

⑤ 지나: 재석이의 말을 끝까지 듣고 난 다음에 내 얘기를 했어.

6 다음 중 바람직한 대화 방법이 <u>아닌</u> 것을 고르세요. |배경지식|

① 상대방이 알아듣기 쉽게 말의 속도를 조절한다.

② 상대방과 눈을 맞추며 이야기를 주고받는다.

③ 어른들과 대화할 때에는 높임말을 쓴다.

④ 조용히 눈을 감고 상대의 말을 듣는다.

⑤ 상대방의 말을 못 들었을 때에는 다시 말해 달라고 정중하게 요청한다.

7 이 글이 쓰인 방법으로 가장 알맞은 것을 고르세요. |구조|

① 대화 예절이 무엇인지 설명했다.

② 대화해야 하는 까닭을 자세히 썼다.

③ 올바른 대화 태도를 지니자는 주장을 하며, 그 방법을 제시했다.

④ 올바른 대화의 과정을 자세히 설명했다.

⑤ 대화 예절이 아닌 예를 늘어놓았다.

8 '같은 말이라도 어떻게 표현하느냐에 따라 듣는 사람의 기분이 다르다'라는 뜻의 속담은 어느 것인가요? |배경지식|

① 가는 말이 고와야 오는 말이 곱다   ② 말이 씨가 된다

③ 호랑이도 제 말 하면 온다   ④ 아 해 다르고 어 해 다르다

⑤ 낮말은 새가 듣고 밤말은 쥐가 듣는다

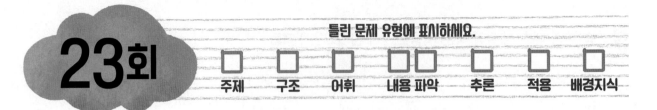

　사람이 살아가며 만들어 낸 것들을 '문화'라고 합니다. 사람이 지은 집, 먹는 음식, 입는 옷 등이 모두 문화입니다. 밥을 하루에 세 끼 먹는다든지, 다른 사람을 만나면 인사를 나누는 것처럼 문화는 어디서든 비슷하기도 하지만, 지역에 따라 방식이 조금씩 다르기도 합니다. 생활 환경이나 사람들의 생각이 다르기 때문입니다.

　서양에서는 주로 빵과 고기를 먹기 때문에 포크를 사용합니다. 그러나 채소, 생선 등 반찬을 먹고 국수를 즐기는 동양에선 포크 대신 젓가락을 씁니다. 또, 인도인들은 숟가락이나 젓가락 대신 손으로 밥을 먹기도 합니다.

　나라마다 인사하는 방식도 다릅니다. 우리나라는 고개를 숙이며 허리를 굽혀 인사합니다. 서양에서는 주로 악수를 하거나 가볍게 안습니다. 뉴질랜드 마오리족은 '생명의 숨을 나눈다'라는 의미로 서로 코를 두 번 비빕니다. 티베트에서는 혀를 쏙 내밀며 인사합니다. 혀를 내밀어 자신이 악마가 아니라는 걸 증명합니다.

　상상의 동물인 '용'을 바라보는 시각도 다릅니다. 우리나라에서는 입에 여의주를 물고 있는 용을 신비하고 신성한 동물이라고 생각합니다. 하지만 서양에서는 입에서 불을 내뿜고 인간을 괴롭히는 나쁜 동물이라고 생각합니다.

　이처럼 문화는 그 지역이나 나라의 환경에 맞게 생겨난 것이기 때문에 좋거나 나쁘다고 판단할 수 없습니다. 우리 문화만 옳다고 생각하거나 어느 한쪽의 문화가 더 ⓒ 우월하다고 생각하는 것은 문화적 편견입니다. 우리 문화가 소중하듯 다른 나라의 문화도 소중하게 생각해야 합니다. 즉 문화의 다양성을 존중해야 합니다.

* 여의주: 용의 턱 밑에 있다는 신비한 구슬.
* 신성한: 떠받들어야 할 만큼 높고 귀한.
* 편견: 올바르지 못하고 한쪽으로 치우친 생각.
* 다양성: 모습이나 상태가 여러 가지로 많음.

1 이 글의 중심 내용으로 가장 알맞은 것은 무엇인가요? | 주제 |

① 문화는 지역에 따라 다를 수 있다.

② 문화는 사람들이 살아가며 만들어 낸 것들을 부르는 말이다.

③ 문화의 다양성을 존중하자.

④ 우리나라의 문화를 소중히 생각하자.

⑤ 고급 문화를 따라 하자.

2 이 글을 가장 잘 분석한 것을 찾으세요. | 구조 |

① 일반적인 지식을 말하고 주장을 밝힌 뒤, 예를 들어 뒷받침했다.

② 일반적인 지식을 말하고 예를 들어 설명한 뒤, 자신의 주장을 밝혔다.

③ 일반적인 지식을 말한 뒤, 사건이 일어난 시간에 따라 자세히 설명했다.

④ 일반적인 지식을 말한 뒤, 차이점과 공통점을 중심으로 자세히 설명했다.

⑤ 일반적인 지식을 말한 뒤, 어떻게 구성되어 있는지 자세히 설명했다.

3 다음 중 ㉠의 올바른 뜻을 찾으세요. | 어휘 |

① 다른 것보다 뛰어나다.　　② 다른 것보다 수준이 낮다.

③ 먼저 생겼다.　　④ 나중에 생겼다.

⑤ 편리하다.

4 자신이 속한 문화가 다른 문화보다 우월하다고 생각하는 것을 무엇이라 하나요? | 내용 파악 |

문화적 　　| | |

5 이 글의 내용과 <u>다른</u> 것을 찾으세요. **ㅣ내용 파악ㅣ**

① 문화란 사람이 살아가며 만들어 낸 것이다.

② 서양에서는 주로 빵과 고기를 먹는다.

③ 동양에서는 포크 대신 숟가락을 사용한다.

④ 티베트에서는 혀를 쏙 내밀어 인사한다.

⑤ 서양에서는 '용'을 나쁜 동물이라고 생각한다.

6 서양 사람들은 서양식 국수 요리인 스파게티를 어떻게 먹을까요? **ㅣ추론ㅣ**

① 숟가락으로 퍼서 먹는다.　　　　② 포크로 말아서 먹는다.

③ 손으로 집어 먹는다.　　　　　　④ 젓가락으로 말아서 먹는다.

⑤ 젓가락으로 집어서 먹는다.

7 다음 중 문화적 편견에 빠지지 <u>않은</u> 사람은 누구인가요? **ㅣ적용ㅣ**

① 우현: 종교마다 먹지 말아야 할 음식이 있는 건 문화의 차이니까 존중해 주어야 해.

② 주은: 인도에서는 아직도 손으로 밥을 먹는 사람들이 있대. 너무 더러워.

③ 찬성: 북쪽의 추운 곳에 사는 어떤 부족은 사슴 피를 마신대. 끔찍해.

④ 경서: 일본 사람들은 점잖지 못하게 밥그릇을 손으로 들고 먹는대.

⑤ 나리: 집에서 신발을 신고 지내는 사람들은 너무 지저분하게 사는 것 같아.

8 몽골 사람들은 이리저리 떠돌며 가축을 기르고 살아갑니다. 그래서 쉽게 짓고 분해할 수 있는, 지붕이 둥근 천막집에서 살아갑니다. 이 집의 이름은 무엇일까요? **ㅣ배경지식ㅣ**

① 이글루　　　　　② 게르　　　　　③ 아갤

④ 한옥　　　　　　⑤ 수상 가옥

[가]

생명은 한번 잃어버리면 다시는 찾을 수 없습니다. 그렇기 때문에 생명은 무엇과도 바꿀 수 없을 만큼 소중합니다. 하지만 텔레비전이나 신문에서 생명을 가볍게 생각하는 사람들에 대한 기사를 가끔 볼 수 있습니다. 어떤 생명이든 소중하기 때문에 모두 존중해야 합니다.

[나]

생명 존중은 자신의 생명을 존중하는 것에서부터 시작합니다. 자신을 존중하는 마음이 없으면 그 무엇도 존중할 수 없기 때문입니다. 마음속에 꿈을 품는 것은 자신의 생명을 존중하는 좋은 방법입니다. 마음에 꿈을 품고 그것을 이루려고 노력하면 삶의 희망과 의지가 생기기 때문입니다.

[다]

자신의 생명을 소중하게 여기는 만큼 다른 사람의 생명도 존중해야 합니다. 다른 사람의 생명을 존중한다는 것은 그 사람의 삶을 존중하는 것입니다. 즉 사람들 각자의 개성과 인격을 존중하는 것이 다른 사람의 생명을 존중하는 일입니다. 또 사람마다 생각이 다를 수 있다는 점을 이해하고 다른 사람의 생각을 소중히 여겨야 합니다.

[라]

동물과 식물도 생명이 있습니다. 동물도 사람처럼 느끼며 움직입니다. 고통을 느끼는 것도 같습니다. 작은 곤충이라고, 또 말을 못하는 짐승이라고 함부로 죽이거나 때려서는 안 됩니다. 사람은 동물이나 식물을 먹고 살 수밖에 없습니다. 식물을 함부로 대하면 그 대가는 동물이나 인간에게 고스란히 돌아가게 됩니다. 따라서 동물과 식물의 생명도 존중해야 합니다.

* 인격: 사람의 품격이나 됨됨이.

[마]

　생명 존중은 나 자신부터 시작해 가족, 친구, 주위의 모든 사람 그리고 동물과 식물까지 사랑하는 것입니다. 즉 자신과 주변의 모든 생명을 소중하게 여기는 일입니다. 우리는 생명이 있는 모든 것들을 아끼고 존중해야 합니다.

1 이 글의 중심 내용을 찾으세요. | 주제 |

① 나를 사랑하자.　　　　　　　② 꿈을 품고 살자.

③ 생명을 존중하자.　　　　　　④ 자연을 보호하자.

⑤ 다른 사람의 개성과 인격을 존중하자.

2 이 글의 내용과 거리가 <u>먼</u> 것을 찾으세요. | 내용 파악 |

① 생명은 한번 잃어버리면 다시는 찾을 수 없다.

② 자신을 존중하지 않으면 다른 것을 존중할 수 없다.

③ 사람마다 생각이 다를 수 있다.

④ 동물과 식물도 생명이 있다.

⑤ 자신의 생명보다 다른 사람의 생명을 더 존중해야 한다.

3 생명 존중의 뜻을 이 글에서 찾아 쓰세요. | 내용 파악 |

_____

_____

4 [나] ~ [라] 가운데 아랫글과 가장 관계 깊은 문단의 기호를 쓰세요. **| 적용 |**

> 일요일 아침에 친구 블렛쉬가 슈바이처를 찾아왔다.
>
> "우리 새 잡으러 포도밭에 가자."
>
> 슈바이처는 놀림 받기 싫어서 블렛쉬를 따라갔다. 블렛쉬는 새총에 돌멩이를 끼우고 힘껏 잡아당겼다. 슈바이처도 고무줄을 당기려던 때였다.
>
> '살아 있는 것을 함부로 죽여서는 안 돼. 또 나보다 약한 것을 괴롭혀서는 안 돼.'
>
> 슈바이처는 갑자기 이런 생각이 들어 집으로 뛰어갔다. 집에 돌아온 슈바이처는 새를 죽이지 않은 것을 기쁘게 생각했다.

(   ) 문단

5 다음은 화랑과 세속 오계를 설명한 글입니다. 보기의 세속 오계 중, 앞 글과 가장 관계가 깊은 것을 찾으세요. **| 적용 |**

> 삼국 시대에 신라에는 '화랑'이라는 단체가 있었다. 귀족의 자식 가운데 똑똑하고 외모가 단정한 청소년들을 뽑아 몸과 마음을 수련하는 단체였다. 화랑은 무술을 배우며 몸을 튼튼히 하였고, 수련을 통해 정신을 강하게 했다. 또 세속 오계는 화랑의 다섯 가지 규칙으로, 화랑은 이것을 마음에 새기고 훌륭한 어른으로 자라기 위해 노력했다.

① 사군이충(事君以忠): 충성으로 임금을 섬긴다.

② 사친이효(事親以孝): 효도로 부모님을 섬긴다.

③ 교우이신(交友以信): 친구와는 믿음으로 사귄다.

④ 임전무퇴(臨戰無退): 전쟁에 나아가면 절대 물러서지 않는다.

⑤ 살생유택(殺生有擇): 살아 있는 것을 함부로 죽이지 않는다.

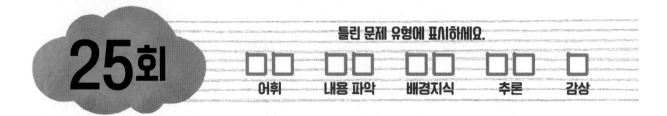
다음은 방정환의 삶을 적은 글입니다.

[가]에는 방정환의 삶을 요약해서 실었습니다. [나], [다]에는 어린 시절, [라]에는 성인 시절의 주요 부분을 담았습니다.

[가]

방정환은 1899년 서울에서 태어났습니다. 할아버지와 아버지가 큰 가게를 운영해서 어렸을 때에는 부족함 없이 자랐습니다. 그런데 방정환이 9살 되던 해에 아버지의 사업이 망하면서 집안 형편이 무척 나빠졌습니다. 그래서 방정환은 초등학교를 마치고, 돈을 벌기 쉬운 상업학교에 입학했습니다. 하지만 그마저도 졸업을 1년 앞두고 그만두어야 했습니다. 그러고는 돈을 벌기 위해 ㉠ [　　　　　　] 의 토지 조사부에 취직했고, 이후 천도교 단체로 옮겨 가 일했습니다.

방정환은 19살에 천도교 교주 손병희의 딸을 소개받아 결혼하였습니다. 2년 뒤인 1919년에는 3.1운동이 일어나자 《조선독립신문》을 만들어 사람들에게 나누어 주다가 일본 경찰에게 잡혀 ㉡ [　　　　　　] 을 받기도 했습니다.

1920년에 일본으로 건너가 1년 동안 대학에서 공부를 하고, 이듬해에 서울로 돌아왔습니다. 이후 천도교 소년회를 만들어 전국을 돌며 어린이들에게 이야기를 들려주었습니다. 또 아이들을 존중하기 위해 '어린이'라는 말을 널리 알렸습니다. 외국 동화를 ㉢ [　　　　　　] 하여 책을 만들었고, 어린이들을 위하여 직접 동화와 동시를 쓰기도 했습니다.

* 상업학교: 상업(물건을 사고팔아 돈을 버는 일)에 관한 지식과 기술을 전문적으로 교육하는 학교.
* 천도교: '사람이 곧 하늘'이라는 사상을 바탕으로 한, 우리나라의 민족 종교.
* 교주: 한 종교 단체의 우두머리(가장 높은 사람).
* 편찬: 여러 자료를 모아 정리하여 책을 만듦.

방정환은 아동 문제 연구 단체 '색동회'를 만들고, 어린이들을 위한 잡지 《어린이》를 편찬했습니다. 1923년에는 5월 1일을 '어린이의 날'로 만들어 기념하기 시작했습니다.

자신의 몸을 돌보지 않고 일에 매달리다 건강이 나빠진 방정환은, 1931년 7월 23일, 서른두 살이라는 젊은 나이에 세상을 떠나고 말았습니다.

[나]

정환이 일곱 살 때였습니다. 어느 날, 정환은 두 살 많은 삼촌을 따라 소학교(지금의 초등학교)에 놀러 갔습니다. 정환은 까치발을 하고 교실 안을 들여다보았습니다. 선생님이 학생들에게 무언가를 가르치고 있었습니다. 그런 정환을 뒤에서 지켜보던 사람이 있었습니다. 바로 이 학교의 교장 선생님이었습니다.

"얘야, 여기에서 무엇을 하고 있느냐?"

"저도 학교에 다니고 싶어서 공부하는 것을 보고 있었습니다."

"학교에 다니려면 머리를 깎아야 하는데, 그 ㉣ 댕기 머리를 자를 수 있겠니?"

"네, 자르겠어요."

머리를 깎고 온 정환을 보자 할아버지는 무섭게 화를 내셨습니다. 부모님이 물려주신 머리카락은 함부로 자르면 안 된다고 여기던 때였기 때문입니다. 할아버지는 정환의 종아리를 때리며 학교에 가는 걸 말리셨습니다. 하지만 정환은 할아버지 몰래 학교에 다녔습니다. 그러다 들켜서 혼나도 다음 날 다시 학교에 갔습니다. 마침내 할아버지는 정환이 학교에 다니는 것을 허락하셨습니다.

[다]

소학교에 들어간 지 3년이 지나 열 살이 되었습니다. 어느 날, 정환은 친구들을 모아 '소년 입지회(소년들이 뜻을 세우는 모임)'라는 토론 모임을 만들었습니다. 아이들은 모여서 자유롭게 생각을 발표하고 의견을 나누었습니다. 또 연극을 준비하여 무대에 올리기도 했습니다. 정환은 아이들에게 대사를 외우게 하고, 몸짓과 표정 등

* 댕기: 땋은 머리의 끝에 장식용으로 다는 헝겊이나 끈.

을 연습시켰습니다. 하지만 할아버지와 아버지는 정환이 연극을 한다는 소문을 듣고 크게 화를 냈습니다. 그래서 마을 아이들과 떨어져 있도록 정환을 고모네 집으로 보냈습니다.

정환은 그곳에서 화가 아저씨를 알게 되었습니다. 아저씨는 영리한 정환을 귀여워 하여 환등기를 선물했습니다. 다음 날부터 정환은 아이들을 불러 모아 환등극을 상영했습니다. 환등기에 자신이 그린 그림을 넣으면 벽에 그림이 비쳤고, 그 그림에 맞춰 이야기해 나갔습니다. 어찌나 구수하게 이야기를 하는지 나중에는 동네 어른들까지 찾아올 정도였습니다.

[라]

길가에 사람들이 웅성웅성 모여 있었습니다. 정환이 다가가 보니 한 할아버지께서 떼 지어 있던 아이들을 호되게 야단치고 계셨습니다. 아이들이 놀다가 할아버지께서 두시던 바둑판을 엎었기 때문이었습니다.

"애놈들이 집에서 부모나 도울 것이지 뭘 한다고 우르르 다니는 거야? 이런 고얀 놈들!"

잔뜩 화가 난 할아버지는 큰 목소리로 호통을 치셨습니다.

"아이들이 놀다가 실수로 그랬나 봅니다. 어르신께서 너그러이 용서해 주십시오."

그곳에 있던 사람 중에서 오직 방정환만이 아이들 편을 들어 주었습니다.

'우리나라를 이끌어갈 귀한 아이들인데 이렇게 함부로 대하다니. 슬프구나.'

그때는 아이들을 부를 때 '애놈, 애새끼, 자식 놈'이라고 험하게 불렀습니다. 이런 말을 들을 때마다 방정환은 마음이 아팠습니다. 그래서 '어린이'라는 말을 널리 알리기 위해 노력했습니다.

* 환등기: 그림, 사진 등에 불빛을 비추어 렌즈를 통해 크게 보이게 하는 기구.
* 상영: 극장 등에서 영화 등을 보여 주는 일.
* 호되게: 매우 심하게.
* 호통: 몹시 화가 나서 크게 꾸짖는 소리.

1 다음 뜻을 보고, ⓛ ~ ⓒ에 들어갈 낱말을 쓰세요. |어휘|

(1) 숨기고 있는 사실을 알아내기 위해 육체적, 정신적으로 고통을 주며 물어보는 일.

ㄱ | 무

(2) 어떤 언어로 된 글을 다른 나라 언어로 옮기는 일.

버 | 여

2 다음 중 ⓔ을 나타낸 그림을 찾으세요. |어휘|

①

②

③

④

3 [나], [다]에서 알 수 있는 방정환의 성격으로 거리가 먼 것을 고르세요. |추론|

① 적극적이다.　　　　　　② 활발하다.

③ 의지가 강하다.　　　　　④ 꼼꼼하다.

⑤ 추진력(어떤 일을 해 나가는 힘)이 있다.

4 방정환이 살았던 시대의 아이들 모습은 어땠나요? ㅣ내용 파악ㅣ

① 투정을 부리면 원하는 것을 부모가 모두 사 주었다.

② 어른들에게 이야기를 구수하게 해 주었다.

③ 부모에게 반말을 하고 친구처럼 친하게 지냈다.

④ 어른들한테 애놈, 애새끼라고 험하게 불리기도 했다.

⑤ 웃어른께 말을 함부로 하는 아이들이 많았다.

5 방정환에 대한 설명 중 잘못된 것을 고르세요. ㅣ내용 파악ㅣ

① '어린이'라는 말을 널리 알렸다.

② '어린이날'을 만들었다.

③ '어린이 공원'을 만들었다.

④ 학교에 다니기 위해 머리를 잘랐다.

⑤ 아이들이 읽을 동화를 썼다.

6 아래에서 설명하는 단체를 [가]에서 찾아 쓰세요. ㅣ배경지식ㅣ

> 방정환이 친하게 지내던 사람들과 함께 만든 어린이 운동 단체다. 이들은《어린이》라는 잡지를 통해 어린이들에게 좋은 글과 동요를 전하는 데에 큰 역할을 했다. 아이들이 입는 한복 저고리에서 이름을 딴 이 단체는, 어린이 문화 운동과 인권 운동을 이끌며 오늘날까지 활동을 이어 오고 있다.

7 다음 글을 읽고 ㉠에 들어갈 낱말을 찾으세요. | 배경지식 |

> 일제 강점기에, 일본은 우리나라를 자신들의 마음대로 다스리기 위해 서울에 ㉠ [   ] 라는 기관을 두었다. 그리고는 땅의 주인과 크기를 정확히 조사한다며 '토지 조사 사업'을 실시하여 우리 땅을 빼앗아 갔다.

① 통신사   ② 절도사   ③ 조선 총독부
④ 조선 구락부   ⑤ 조선 물산 장려회

8 방정환이 어린이를 사랑한 가장 큰 이유는 무엇인가요? | 추론 |

① 어른들이 어린이를 함부로 대하는 것이 불쌍해서.
② 어른들이 어린이를 욕하는 것을 막기 위해서.
③ 어린이들과 이야기를 나누는 것이 즐거워서.
④ 어린이들은 장차 우리나라를 이끌어갈 소중한 사람이라서.
⑤ 어린이들이 방정환의 이야기를 재미있게 들어 주어서.

9 이 글을 읽고 느낌을 이야기했습니다. 가장 거리가 먼 감상을 찾으세요. | 감상 |

① 연주: 아이들을 '애놈'이라고 부르다니. 옛날에는 아이들을 존중하지 않았던 것 같아.
② 성현: '어린이'라는 말이 널리 퍼지지 않았다면 지금 우리를 뭐라고 부를지 궁금해.
③ 진경: 어려서부터 모임을 만들어 활동하다니. 방정환은 대단해.
④ 정규: 어린이를 위해 노력하신 분들 덕분에 우리가 사랑받으며 살 수 있는 것 같아.
⑤ 지영: 방정환은 어른보다 어린이를 더 귀하게 생각했던 것 같아.

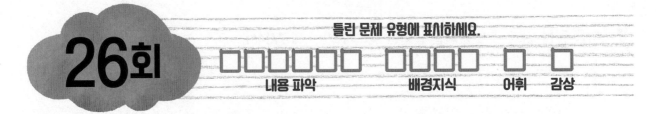

다음은 슈바이처의 삶을 적은 글입니다.

[가]에는 슈바이처의 삶을 짧게 썼습니다. [나]에는 젊은 시절부터 아프리카에 처음 가던 때까지, [다]에는 두 번째로 아프리카에 가던 때부터 삶의 마지막 순간까지 담았습니다.

[가]

슈바이처는 1875년 독일에서 태어났습니다. 목사 아버지 아래에서 자라며 슈바이처는 사랑의 정신을 배웠습니다.

다섯 살 때부터 피아노를 친 슈바이처는 음악에 관심이 많았습니다. 특히 ⊙ 파이프 오르간을 좋아해서 열심히 연주하고 그 구조를 연구했습니다. 어른이 되었을 때에는 파이프 오르간 연주자로 이름을 널리 알리기도 했습니다. 또 음악가 ⓒ ☐☐☐☐☐ 를 열심히 연구하여 책을 내기도 하였습니다.

대학에서는 신학과 철학을 배웠습니다. 공부도 열심히 해서, 24살이 되던 해에는 철학 박사, 25살에는 신학 박사가 되었습니다. 그 뒤에는 교수와 목사가 되어 일하였습니다.

서른 살이 되던 해, 그동안 하던 일을 접고, 대학교에서 의사가 되기 위한 공부를 시작했습니다. 그렇게 7년이 지나 마침내 의사가 되었습니다. 그 이듬해에는 부인과 함께 아프리카에 가서 병든 사람들을 돌보았습니다.

제1차 세계 대전이 벌어지자, 슈바이처는 고향으로 돌아왔습니다. 하지만 6년 뒤, 다시 아프리카로 향했습니다. 이때는 처음 갔을 때보다 더 많은 인원과 장비와 돈을 가지고 떠났습니다.

부인이 사망한 뒤로, 슈바이처는 아프리카를 떠나지 않았습니다. 슈바이처는 90

---

* 신학: 종교의 신을 연구하는 학문. 보통 기독교의 원리를 연구하는 학문을 이른다.

세가 되던 해에 조용히 숨을 거두었습니다. 슈바이처와 부인은 의료 활동을 하던 병원 옆에 묻혔습니다.

[나]

슈바이처는 어렸을 때부터 굳은 의지를 가슴에 품고 살았습니다. 서른 살까지는 자신이 좋아하는 것을 하며 살고, 그 이후에는 봉사를 하며 남을 위해 살겠다는 다짐이었습니다.

당시의 아프리카 사람들은 가뭄과 여러 질병으로 어려움을 겪고 있었습니다. 게다가 제대로 된 병원이 없어서 치료를 받지 못하고 죽어가는 사람이 많았습니다.

그런 모습을 본 슈바이처는, 서른이라는 늦은 나이에 다시 공부를 시작했습니다. 주변 사람들이 말렸지만, 7년 동안 공부한 끝에 슈바이처는 의학 박사가 되었습니다. 의사가 된 ⓒ 다음 해에 슈바이처는 결혼을 했습니다. 부인도 간호사가 되어 슈바이처의 뜻을 따라 아프리카에 함께 갔습니다.

슈바이처는 그동안 모아 온 돈으로, 아프리카의 랑바레네(지금의 가봉이라는 나라가 있는 지역)에 병원을 차리고 환자들을 정성껏 치료했습니다. 그곳 사람들은 슈바이처를 '오강가'라고 부르며 따랐습니다. '오강가'는 그곳 말로 '마법사'를 뜻합니다. 슈바이처는 아프리카 사람들의 병을 고치는 마법사였습니다.

[다]

프랑스에 온 슈바이처는 아프리카로 돌아가기 위해 열심히 돈을 모았습니다. 6년 동안 ⓒ 유럽을 돌아다니며 강연을 하였습니다. 또 파이프 오르간을 연주하며 모금을 했습니다.

프랑스에 머문 지 6년이 흘러, 슈바이처는 아프리카로 돌아갔습니다. 이번에는 슈바이처와 뜻을 같이하는 의사와 간호사들 여럿이 함께였습니다. 또 슈바이처의 선행이 알려지면서 봉사자들도 많이 모였습니다. 프랑스에 있을 때 모금한 돈으로 좋은 의료 장비도 준비했습니다.

그런데 아프리카의 상황은 이전과 많이 달랐습니다. 병원이 있던 건물은 부서지고 그 흔적만 남아 있었습니다. 하지만 슈바이처는 후원자들의 도움으로 병원을 다시

지어 환자들을 만났습니다.

이후에도 병원에 돈이 떨어지면 슈바이처는 유럽으로 돌아가 파이프 오르간 연주회를 열거나, 강연 등을 하며 돈을 모았습니다. 또 책을 팔아 마련한 수익금과 기부금까지 모아 아프리카로 돌아갔습니다.

슈바이처는 평생 생명 존중의 정신을 펼쳤습니다. 살아 있는 것은 그것이 사람이든 동물이든 식물이든 소중하게 여겨야 한다고 생각했습니다.

77세가 되던 1952년, 슈바이처는 ㉤ [   ]을 받았습니다. 슈바이처의 노력을 세계가 인정한 것입니다. 그로부터 몇 년 뒤, 가봉의 국민들도 슈바이처에 대한 존경의 마음을 담아 훈장을 주었습니다.

90세가 된 1965년, 슈바이처는 먼저 땅에 묻힌 부인의 품에 안겼습니다.

* 선행: 착하고 좋은 행동.
* 후원자: 앞에 나서지 않고, 뒤에서 도와주는 사람.

1 이 글을 통해 알 수 <u>없는</u> 것을 찾으세요. | 내용 파악 |

① 슈바이처는 어느 나라 사람인가?
② 슈바이처는 몇 살까지 살았는가?
③ 슈바이처는 어떤 일을 하였는가?
④ 슈바이처의 부인 이름은 무엇인가?
⑤ 슈바이처의 별명은 무엇인가?

2 슈바이처가 아프리카에 가서 병원을 차린 곳은 지금의 어느 나라인가요? | 내용 파악 |

3 다음 중 슈바이처의 직업이 아니었던 것을 찾으세요. |내용 파악|

① 파이프 오르간 연주자   ② 교수

③ 목사   ④ 의사

⑤ 변호사

4 아프리카에서 봉사를 하던 슈바이처가 프랑스에 6년 동안 머물게 된 것은 무슨 전쟁 때문인가요? 이 글에서 찾아 쓰세요. |내용 파악|

_____

5 이 글의 내용과 다른 것을 찾으세요. |내용 파악|

① 슈바이처는 독일에서 태어났다.

② 슈바이처는 간호사였던 여자를 만나 결혼하였다.

③ 슈바이처는 연주회, 강연 등으로 번 돈으로 아프리카 환자들을 돌봐 주었다.

④ 슈바이처는 생명을 소중히 여겨야 한다고 생각했다.

⑤ 슈바이처는 아프리카에서 삶을 마쳤다.

6 아프리카 사람들이 슈바이처를 부른, '오강가'의 뜻을 찾아 쓰세요. |내용 파악|

_____

7 다음 그림 가운데에서 ㉠을 찾으세요. |배경지식|

①

②

③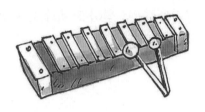

④

8 ㉡에 들어갈 사람입니다. 다음 설명에 맞는 사람을 찾으세요. |배경지식|

> 독일의 작곡가로, 훌륭한 곡을 많이 남겨 다른 음악가들에게 영향을 크게 끼쳤다. 서양 음악의 기초를 닦았다는 점에서 '음악의 아버지'라는 별명을 얻었다.

① 바흐   ② 헨델   ③ 모차르트

④ 베토벤   ⑤ 쇼팽

9 ㉢와 바꾸어 쓸 수 있는 낱말은 무엇인가요? |어휘|

① 지난해   ② 올해   ③ 이듬해

④ 금년   ⑤ 작년

10 다음 중 ㉣에 속하지 <u>않는</u> 나라를 찾으세요.　**ㅣ배경지식ㅣ**

① 프랑스　　　　　② 독일　　　　　③ 이탈리아
④ 그리스　　　　　⑤ 호주

11 ㉤에 들어갈 낱말입니다. 아래에서 설명하는 상의 이름은 무엇인가요?　**ㅣ배경지식ㅣ**

> 다이너마이트를 발명한 사람이 전 재산을 기부하여 만든 상이다. 인류에 가장 큰 공헌을 한 사람에게 해마다 주는 상으로, 화학, 물리학, 생리·의학, 문학, 경제학, 평화 등 6개 분야에서 시상한다.

① 노벨상　　　　　② 아인슈타인상　　　　　③ 퓰리처상
④ 막사이사이상　　⑤ 에디슨상

12 이 글을 읽고 친구들이 감상문을 썼습니다. 적당하지 <u>않은</u> 글을 고르세요.　**ㅣ감상ㅣ**

① 수민: 슈바이처는 의사가 되어 죽어가는 사람들을 도와주었어. 나도 의사가 되어 아픈 사람들을 돕고 싶어.

② 창호: 슈바이처의 부인은 슈바이처를 따라 아프리카에 가서 환자를 치료했어. 슈바이처도 훌륭한데, 부인도 그에 못지않게 대단하다고 생각해.

③ 민주: 슈바이처는 생명을 무척 존중하였어. 나도 이제 작은 풀 한 포기도 소중히 여기며 살 거야.

④ 광민: 슈바이처는 봉사를 하면서 삶의 보람을 느꼈을 것 같아. 나도 사람들에게 도움 줄 수 있는 일을 찾아볼 거야.

⑤ 은영: 남을 위해 사느라 자신이 좋아하던 공부와 음악을 포기하다니, 슈바이처는 참 불쌍해.

엄마야 누나야 ㉠ 강변 살자.

뜰에는 반짝이는 금모래빛,

뒷문 밖에는 ㉡ 갈잎의 노래,

엄마야 누나야 강변 살자.

(김소월)

1 이 시를 읽고 떠올리기 어려운 느낌을 고르세요. | 감상 |

① 희망   ② 평화로움

③ 고요함   ④ 따뜻함

⑤ 지루함

2 이 글의 내용으로 맞는 것을 찾으세요. | 내용 파악 |

① 말하는 이는 강변에 살고 있다.

② 말하는 이는 남자다.

③ 누나가 뜰에 금을 뿌려 놓았다.

④ 뒷문 밖에서 사람이 노래를 부르고 있다.

⑤ 말하는 이의 아버지는 죽었다.

3 ㉠의 비슷한말을 찾으세요. |어휘|

① 강남   ② 강산   ③ 강가

④ 바닷가   ⑤ 시골

4 ㉡의 바른 뜻을 찾으세요. |어휘|

① 갈대의 잎.

② 강물에 비친 꽃잎.

③ 가을에 핀 꽃잎.

④ 가을에 울긋불긋 물든 단풍잎.

⑤ 시들어 땅에 떨어진 나뭇잎.

5 말하는 이가 생각하는 모래는 어떤 색깔일까요? |추론|

① 태양 같은 빨간색.   ② 갈대 같은 갈색.

③ 구름 같은 하얀색.   ④ 황금 같은 노란색.

⑤ 강물 같은 푸른색.

6 말하는 이가 살고 싶어 하는 곳은 어떤 곳인가요? |추론|

① 강변에 지어진 도시.

② 강변이 내려다보이는 도시.

③ 경치가 좋아 찾아오는 사람이 많은 강변.

④ 도시와 가까운 강변.

⑤ 자연이 아름답고 조용한 강변.

고드름 고드름 수정 고드름

고드름 따다가 발을 엮어서

㉠ 각시방 영창에 달아 놓아요.

각시님 각시님 안녕하세요.

아침엔 해님이 문안 오시고

밤에는 달님이 놀러 오시네.

고드름 고드름 녹지 말아요.

각시님 방 안에 바람 들면은

손 시려 발 시려 감기 드실라.

(유지영)

* 영창: 방을 밝게 하려고 방과 마루 사이에 만든 창문.

1 이 시에서 떠올릴 수 있는 계절은 언제인가요? |추론|

① 봄   ② 여름

③ 가을   ④ 겨울

2 '웃어른께 안녕하신지 여쭙는 인사'를 뜻하는 낱말을 찾아 쓰세요. | 어휘 |

3 다음 그림과 설명에 알맞은 낱말을 시에서 찾아 쓰세요. | 어휘 |

가늘게 자른 대나무처럼 가늘고 긴 물체를 엮어서 만든 물건. 주로 안을 가리기 위해 문이나 창문에 설치한다.

4 이 시에 대한 설명으로 옳지 <u>않은</u> 것을 고르세요. | 내용 파악 |

① ㉠은 갓 결혼한 젊은 여자의 방을 뜻한다.

② 시의 분위기가 밝고 재미있다.

③ 사람이 아닌 것을 사람처럼 나타낸 표현이 쓰였다.

④ 3연 9행으로 이루어졌다.

⑤ 방 안에 고드름이 달려 각시가 감기에 걸렸다.

5 이 시에서 말하는 이의 마음으로 가장 알맞은 것을 고르세요. | 추론 |

① 해님을 좋아하는 마음.   ② 달님을 좋아하는 마음.

③ 각시를 좋아하는 마음.   ④ 고드름을 좋아하는 마음.

⑤ 바람을 좋아하는 마음.

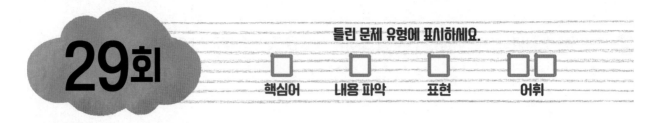
엄마 손은 잠손
잠이 오는 손.

토닥토닥 아기 이불
두드리면은
솔솔 눈이 감기며
잠이 들고.

엄마 손은 약손
병이 낫는 손.

살근살근 아기 배를
문지르면은
아픈 배가 쑥쑥
㉠ 이내 낫고.

(권태응)

1 이 시에서 가장 중요한 말을 찾으세요. | 핵심어 |

① 아기　　　② 엄마 손　　　③ 아기 이불

④ 잠손　　　⑤ 아픈 배

2 이 시의 내용으로 맞는 것을 찾으세요. |내용 파악|

① 엄마의 직업이 약사다.

② 엄마가 토닥토닥 두드려 아기의 잠을 깨웠다.

③ 엄마는 손이 아파서 약을 먹었다.

④ 엄마가 문질러서 아기 키가 쑥쑥 자랐다.

⑤ 엄마가 손으로 문지르니 아기의 아픈 배가 나았다.

3 다음 글을 읽고, 아래와 같은 표현법이 쓰인 것을 찾으세요. |표현|

구름은 화가

글을 쓸 때 'ㅇㅇ은 △△(이다)'와 같은 표현을 할 때가 있습니다. 위의 예에서, 구름이 하늘에 여러 모양을 그리는 것 같다는 내용을 비유적으로 나타냅니다.

① 엄마 손은 잠손   ② 잠이 오는 손

③ 아기 이불   ④ 병이 낫는 손

⑤ 아픈 배가 쑥쑥

4 '가볍게 스치며 비비는 모양'의 뜻을 지닌 낱말을 찾아 쓰세요. |어휘|

_____

5 ㉠과 바꾸어 쓸 수 <u>없는</u> 것을 고르세요. |어휘|

① 곧   ② 바로   ③ 즉시

④ 이따가   ⑤ 금세

바람 부는 새벽에 장터 가시는

우리 아빠 뒷자취 보고 싶어서

침을 발라 뚫어 ㉠논 작은 창구멍

아롱아롱 아침해 비치웁니다

눈 ㉡나리는 저녁에 나무 팔러 간

우리 ㉢아빠 오시나 기다리다가

혀끝으로 뚫어 ㉠논 작은 창구멍

살랑살랑 찬바람 날아듭니다

(윤동주)

* 뒷자취: 뒤에 남은 흔적.

1 ㉠과 ㉡은 표준어가 아닙니다. 맞춤법에 맞게 고쳐 쓰세요. | 어휘 |

| ㉠ | 논 | |

| ㉡ | 나리는 | |

2 이 시의 계절은 언제일까요? | 추론 |

① 봄   ② 여름

③ 가을   ④ 겨울

3 이 시에서 ⓒ의 직업을 알 수 있는 말을 찾으세요. | **추론** |

① 우리 아빠 뒷자취
② 작은 창구멍
③ 아침해 비치웁니다
④ 나무 팔러 간
⑤ 찬바람 날아듭니다

4 이 시의 특징으로 알맞지 <u>않은</u> 것은 무엇인가요? | **구조** |

① 2연 8행으로 이루어졌다.
② 흉내 내는 말을 사용해서 밝은 느낌을 준다.
③ 각 행을 4글자, 3글자, 5글자로 끊어 읽을 수 있다.
④ 글자 수를 맞추려고 줄여 쓴 낱말이 있다.
⑤ 1연, 2연 모두 아침에 일어난 일을 이야기하고 있다.

5 이 시에 대한 감상으로 가장 알맞은 것을 고르세요. | **감상** |

① 지민: 아이는 아마도 창구멍을 통해 일하는 엄마의 모습도 보았을 거야. 부모님에 대한 따스한 마음이 느껴져.

② 광호: 아이는 창구멍을 통해 자연을 느끼고 있어. 아침에는 아침 햇살을, 저녁에는 찬바람을 느끼며 자연을 즐기고 있어.

③ 선우: 창에 침을 바르고 혀를 가져다 대는 모습을 보니, 말하는 이가 지저분한 아이인 것 같아.

④ 재현: 창에 구멍을 뚫고 자꾸 밖을 바라보는 걸 보니, 아이는 추위가 빨리 풀려 밖에서 뛰어놀 수 있기를 기다리는 것 같아.

⑤ 수정: 아이는 찬바람이 들어오는데도 아빠가 오는지 밖을 지켜보고 있어. 그 모습에서 아버지에 대한 사랑과 그리움을 느꼈어.

풍당풍당 풍당새야

많이 울어라

우리 밭 우리 논에

돌며 울어라

우리 부모 우리 형제

먹고 입도록

풍년이 돌아오게

많이 울어라

풍당풍당 풍당새야

많이 울어라

네가 울고 돌아가면

풍년이란다

목화송이 벼 이삭이

다 잘 되도록

풍당풍당 풍당새야

많이 울어라

(서덕출)

* 풍당새: 상상의 새.

1 '곡식에서, 꽃이 피고 열매가 달리는 부분'의 뜻을 지닌 낱말을 찾아 쓰세요. | 어휘 |

2 '곡식이 잘 자라서 다른 해보다 농작물을 많이 거두어들인 해'를 '풍년'이라 합니다. 풍년의 반대말은 무엇일까요? | 어휘 |

① 작년   ② 흉년   ③ 금년

④ 명년   ⑤ 평년

3 이 시의 특징을 설명한 글입니다. 빈칸에 들어갈 숫자를 쓰세요. | 구조 |

이 시의 홀수 행은 7자나 8자, 짝수 행은 ☐ 자로 글자 수가 반복되어,

읽을 때 노래하는 느낌이 난다.

4 이 시를 통해 알 수 <u>없는</u> 것을 찾으세요. | 내용 파악 |

① 풍당새가 울면 풍년이 온다.

② 풍년이 오면 부모 형제가 먹고 입을 수 있다.

③ 풍당새가 울면 목화송이가 잘 열린다.

④ 풍당새가 울면 쌀농사가 잘 된다.

⑤ 풍당새는 겨울에 우리나라에 온다.

5 빈칸을 채워 이 시의 내용을 정리하세요. | 내용 파악 |

☐☐☐ 야, 많이 울어라. ☐☐ 이 들어서 우리

☐☐ , ☐☐ 가 행복하게 잘 살 수 있도록.

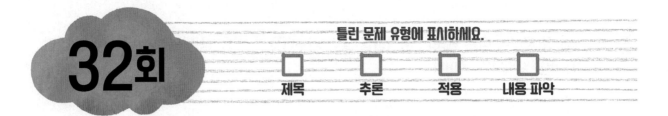
　　동쪽 바다에 부자 멸치가 살았습니다. 어느 날, 멸치는 이상한 꿈을 꾸고는 가자미를 서쪽 바다로 보내 꿈풀이를 잘하는 낙지를 모셔 오라고 했습니다.

　　낙지가 도착하자 멸치는 맨발로 달려 나왔습니다. 멸치는 푸짐한 잔칫상을 차려 낙지를 대접했습니다. 식사가 끝날 때쯤 멸치는 꿈 이야기를 꺼냈습니다.

　　"꿈에 제가 하늘을 날기도 하고, 땅으로 떨어지기도 했습니다. 그러다가 가만히 누워 있는데 누군가가 저를 싣고 어딘가로 갔습니다. 그러더니 눈이 펑펑 쏟아지고, 몸이 추웠다 더웠다 했습니다. 무슨 꿈이 이리도 이상한지…….."

　　낙지는 부자인 멸치에게 잘 보여야 자신에게도 이득이 있겠다고 생각했습니다.

　　"참으로 좋은 꿈입니다. 멸치님이 용이 되어 하늘로 올라갈 꿈입니다."

　　"그런데 왜 다시 땅으로 떨어졌을까요?"

　　"비를 내리게 하려면 바닷물을 퍼 올려야 해서 땅으로 내려와야 하니까요."

　　"그렇다면, 누군가가 나를 싣고 가는 것은요?"

　　"그건, 멸치님이 용이 되셨으니 구름을 타고 다닌다는 뜻입니다."

　　"과연 낙지님은 꿈풀이를 잘하십니다. 그럼 눈이 오는 까닭은 무엇인가요?"

　　"겨울이 되니, 비가 눈으로 바뀌어 내린 것이지요. 추웠다 더웠다 하는 것은 용이 사계절을 다스리기 때문이지요."

　　멸치는 듣고 보니 정말 용꿈을 꾼 것 같았습니다. 신이 난 멸치는 온갖 귀한 음식들을 차려 낙지와 함께 마음껏 먹었습니다.

　　그런데 그 모습을 바라본 가자미는 은근히 화가 났습니다.

　　"흥, 고생고생해서 서쪽 바다까지 다녀온 나한테는 수고했단 말 한마디 없이, 자기들끼리 먹고 마시고 떠드는군. 멸치를 골려 줘야겠어."

　　낙지가 돌아가고 난 뒤, 가자미는 멸치에게 다가가 말했습니다.

　　"멸치님, 제가 들어 보니 낙지님의 풀이는 잘못되었습니다."

"예끼, 이놈! 네까짓 게 뭘 안다고 나서는 게냐?"

"멸치님이 화를 당하지 않으려면 제 말을 들어 보시는 게 좋을 겁니다."

멸치는 가자미의 말을 들어 두는 것도 손해날 것이 없다고 생각했습니다.

"하늘을 날았다가 다시 땅으로 떨어지는 건, 멸치님이 어부의 낚시에 걸릴 꿈입니다. 낚싯바늘에 걸리면 자연히 하늘을 날고, 어부가 낚싯바늘을 빼면 땅으로 떨어지는 거죠. 그다음엔 어부의 바구니에 실려 어디론가 가겠지요. 흰 눈이 펑펑 내리는 것은 사람들이 구워 먹으려고 소금을 뿌리기 때문입니다. 그리고 숯불에 올려놓고 부채로 부치니, 부채 바람에 추웠다 더웠다 하는 것이죠."

멸치는 잔뜩 화가 나서 가자미의 뺨을 힘껏 쳤습니다. 얼마나 세게 때렸는지 가자미의 두 눈이 지금처럼 한쪽으로 몰리게 되었습니다. 가자미의 눈이 한쪽으로 돌아간 것을 보고 겁이 난 꼴뚜기는 얼른 자기 눈을 빼어 꽁무니에 찼습니다. 그 광경을 지켜본 메기는 하도 기가 막혀 크게 웃다가 입이 귀밑까지 찢어졌습니다.

(전래 동화)

* 꽁무니: 엉덩이를 중심으로 한, 몸의 뒷부분.

1 이 글의 제목으로 가장 알맞은 것을 고르세요. ▎**제목** ▎

① 가자미와 꼴뚜기　　② 낙지의 꿈풀이　　③ 가자미의 꿈풀이

④ 멸치의 꿈　　⑤ 가자미의 눈

2 인물의 성격으로 바르지 <u>않은</u> 것을 고르세요. ▎**추론** ▎

① 낙지: 꾀가 많다.　　② 가자미: 샘이 많다.

③ 꼴뚜기: 겁이 많다.　　④ 메기: 이해심이 많다.

⑤ 멸치: 자신에게 좋은 말만 듣기 좋아한다.

3 그림을 보고, 이 글에 등장하는 동물의 이름을 찾아 쓰세요. | 적용 |

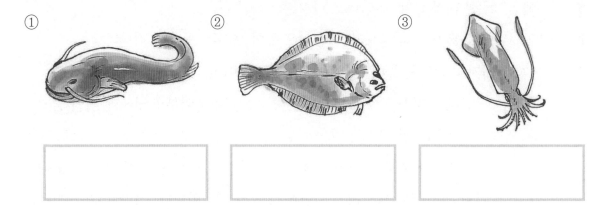

① ② ③

4 낙지와 가자미가 멸치의 꿈을 풀이한 내용입니다. 빈칸을 채우세요. | 내용 파악 |

	낙지	가자미
하늘로 올라감	용이 되어 하늘로 올라가는 것.	어부의 낚시에 걸려 바닷물 밖으로 나오는 것.
땅으로 떨어짐	을 퍼 올리려고 땅에 내려오는 것.	어부가 낚싯바늘을 빼서 떨어뜨리는 것.
누군가 싣고 감	을 타고 다니는 것.	어부의 바구니에 실려 가는 것.
흰 눈이 내림	눈이 내리는 것.	사람들이 　　　　을 뿌리는 것.
추웠다 더웠다 함	을 다스리는 것.	숯불에 올려놓고 부채로 부치는 것.

멋진 주둥이와 화려한 손잡이를 지닌 찻주전자가 있었습니다. 찻주전자는 멋진 주둥이와 손잡이를 무척 자랑스러워했습니다. 하지만 찻주전자에게도 약점이 하나 있었습니다. 뚜껑 한쪽이 깨져 살짝 땜질이 되어 있었던 것입니다.

찻주전자는 친구들 앞에서 잘난 척을 하다가도 뚜껑 이야기가 나오면 아무 말 못했습니다. 찻잔이나 크림 통, 설탕 통 친구들은 찌그러지고 흠집 난 찻주전자 뚜껑을 놀려대곤 했습니다. 찻주전자는 멋진 손잡이나 아름다운 주둥이에 대해서 한껏 으스대다가도 그럴 때마다 금세 풀이 죽었습니다.

어느 날이었습니다. 주인아주머니가 차를 끓이다가 실수로 찻주전자를 떨어뜨리고 말았습니다. 찻주전자는 바닥에 떨어져 나뒹굴었습니다. 화려한 주둥이와 손잡이는 산산조각이 나 버렸습니다. 오직 자신의 주둥이와 손잡이만을 자랑하며 살아온 찻주전자에게는 너무 큰 충격이었습니다.

그날 이후 찻주전자는 고물단지 신세가 되었습니다. 부엌 선반 구석에 아무렇게나 처박혀 있다가 가끔 주인아주머니 손에 이끌려 버리는 기름을 받아내고는 했습니다. 찻주전자는 절망 속에서 하루하루를 보냈습니다.

햇볕이 따뜻하게 내리쬐던 어느 오후였습니다. 절망에 잠긴 찻주전자의 가슴 속으로 고운 흙이 채워지고 있었습니다.

'아니, 웬 흙이야? 나를 땅속에 묻으려나? 이제 내 인생은 여기서 끝나는구나.'

찻주전자는 슬픔에 잠겼습니다. 그런데 조금 있으니 누군가 그 흙에 씨앗을 심었습니다. 씨앗은 찻주전자 속에 조금씩 뿌리를 내렸습니다. 찻주전자는 그 씨앗이 자신의 심장처럼 느껴졌습니다. 흙 속으로 깊숙이 뿌리를 내릴 때마다 찻주전자는 심장이 뛰었습니다.

'내 속에서 생명이 자라나다니!'

* 으스대다가도: 우쭐거리며 뽐내다가도.

찻주전자는 가슴이 벅차올랐습니다.

마침내 꽃이 활짝 피었습니다. 찻주전자는 사랑스러운 눈으로 꽃을 바라보았습니다. 꽃을 보고 있으면 모든 걱정과 근심이 한순간에 사라지는 듯했습니다.

사람들도 탐스러운 꽃을 보며 감탄했습니다. 하지만 찻주전자 따위에는 아무도 관심을 기울이지 않았습니다. 꽃 역시 찻주전자에게 고맙다는 인사조차 건네지 않았습니다. 그래도 찻주전자는 화를 내지 않았습니다. 꽃을 부러워하지도 않았습니다. 찻주전자는 아름다운 꽃을 길러 낸 것만으로도 가슴이 뿌듯했기 때문입니다.

단비가 마른 흙을 촉촉이 적시던 어느 날이었습니다.

"이제 꽃을 큰 화분으로 옮겨 심어야겠어요."

찻주전자는 말할 수 없이 가슴이 아팠습니다. 자신의 주둥이와 손잡이가 깨졌을 때에도 이렇게까지 가슴이 아프지는 않았습니다.

'마지막 남은 내 희망마저 빼앗아 가다니……'

이제 쓸모가 없어진 찻주전자는 마당 한구석에 버려졌습니다. 하지만 찻주전자는 자신이 아름다운 꽃을 피웠다는 사실은 영원히 잊지 않았습니다.

(안데르센)

* 단비: 꼭 필요할 때에 알맞게 내리는 비.

1 이 글의 주인공은 누구인가요? |인물|

_____

2 이 글의 제목으로 가장 알맞은 것을 고르세요. |제목|

① 찻주전자의 주둥이　　② 찻주전자의 손잡이　　③ 찻주전자의 친구

④ 찻주전자의 행복　　⑤ 찻주전자의 일생

3 밑줄 친 낱말의 뜻을 잘못 풀이한 것을 고르세요. | 어휘 |

① 약점: 모자라거나 부족해서 남보다 뒤떨어지는 점.

② 땜질: 잘 매만져서 부드럽게 만드는 일.

③ 금세: 얼마 되지 않는 짧은 시간 안에.

④ 산산조각: 아주 잘게 깨어진 여러 조각.

⑤ 고물단지: 낡아서 쓸모없게 된 물건.

4 이 글의 내용으로 맞는 것을 고르세요. | 내용 파악 |

① 찻주전자는 처음부터 손잡이가 깨져 있었다.

② 찻주전자는 흙에 묻혔다.

③ 누군가 찻주전자의 흙 속에 씨앗을 심었다.

④ 사람들은 꽃을 피운 찻주전자에 관심을 기울였다.

⑤ 찻주전자는 자신이 꽃을 피웠다는 사실을 까맣게 잊었다.

5 찻주전자는 꽃을 잘 키웠지만 꽃에게 고맙다는 인사조차 듣지 못했습니다. 하지만 화를 내지도 꽃을 부러워하지도 않았습니다. 그 까닭은 무엇인가요? | 내용 파악 |

_____

6 이 글과 관련 없는 느낌을 말한 사람은 누구인가요? | 감상 |

① 민혁: 다른 사람 앞에서 잘난 척하거나, 다른 사람의 단점을 놀리는 일은 옳지 않아.

② 수정: 자신이 처한 상황에 만족할 줄 아는 찻주전자의 모습이 아름다웠어.

③ 혜경: 아무리 가진 것이 없더라도 노력하면 훌륭해질 수 있어.

④ 보람: 누가 뭐래도 자신이 만족한다면 그게 행복이야.

⑤ 하루: 아무 대가 없이 꽃을 품는 찻주전자의 모습에서 어머니의 마음을 느낄 수 있었어.

　　옛날 어느 나라의 임금이 예쁜 ㉠ 외동딸과 함께 궁궐에서 살았습니다. 임금은 공주를 무척 사랑했습니다. 그런데 어느 날, 공주가 몹쓸 병에 걸려 자리에 눕고 말았습니다. 나라 안의 의사들이 공주의 병을 고쳐 보려 애썼지만, 모두 헛일이었습니다. 날이 갈수록 공주의 병은 깊어만 갔고 마침내 생명이 위독했습니다. 다급해진 임금은 궁궐 밖에 포고문을 붙였습니다.

　　'공주의 병을 고치는 사람에게 공주를 시집 보내고 왕위를 물려주겠다.'

　　포고문을 보고 많은 사람이 몰려와 공주를 살펴봤지만 모두 한결같이 ㉡ 머리를 절레절레 흔들었습니다. 임금의 얼굴에는 근심이 가득해져만 갔습니다.

　　한편, 궁궐에서 멀리 떨어진 어느 시골 마을에 삼 형제가 살고 있었습니다. 삼 형제는 다른 사람에게는 없는 아주 귀한 보물을 하나씩 가지고 있었습니다. 첫째는 아주 먼 곳까지 볼 수 있는 망원경을, 둘째는 아무리 먼 곳이라도 재빨리 날아갈 수 있는 양탄자를, 막내는 어떤 병도 낫게 할 수 있는 마법 사과를 가지고 있었습니다.

　　어느 날, 첫째가 망원경으로 먼 곳을 보다가 궁궐 앞에 붙은 포고문을 보았습니다.

　　"얘들아, 이리 와 봐! 공주님이 몹쓸 병에 걸렸다는구나. 그래서 공주의 병을 고쳐 주는 사람에게 공주를 시집보내고, 임금님께서 왕위를 물려주신대."

　　"형, 우리가 가서 공주의 병을 고쳐 주자. 우리가 힘을 합치면 공주의 병을 고칠 수 있을 거야."

　　"좋아, 내 양탄자를 타고 함께 가 보자."

---

* 몹쓸 병: 몹시 나쁜 병. 증세가 심하고 치료가 힘든 병을 뜻한다.

* 헛일: 보람을 얻지 못하고 쓸데없이 한 노력.

* 위독했습니다: 병이 매우 심해 생명이 위태로웠습니다.

* 왕위: 임금의 자리.

* 양탄자: 짐승의 털 등으로 만든 털실로 두껍고 넓게 짠 천.

삼 형제는 둘째가 가진 양탄자를 타고 날아가 눈 깜짝할 사이에 궁궐에 도착했습니다. 아픈 공주를 보자 삼 형제는 마음이 아팠습니다. 막내는 공주의 입에 마법의 사과를 넣어 주었습니다. 간신히 사과를 한 입 베어 먹은 공주는 언제 아팠냐는 듯 자리를 털고 일어났습니다.

이 모습을 지켜본 임금과 신하들은 매우 기뻤습니다. 하지만 임금은 바로 고민에 빠졌습니다. 삼 형제 중에 누구를 사위로 삼아야 할지 결정을 내릴 수 없었기 때문이었습니다. 임금은 먼저 삼 형제의 말을 들어 보기로 했습니다.

먼저 첫째가 말했습니다.

"공주님의 병을 고치는 데에 가장 큰 공을 세운 사람은 바로 저입니다. 제 망원경이 없었다면 공주님이 병에 걸린 사실조차도 몰랐을 것입니다."

이에 질세라 둘째도 자신 있게 말했습니다.

"공주님이 병에 걸린 사실을 알았다 해도 제 양탄자가 없었다면 이 먼 곳까지 이렇게 빨리 올 수는 없었을 것입니다. 그러니 가장 큰 공을 세운 사람은 저입니다."

막내도 가만히 있지 않았습니다.

"망원경으로 포고문을 보고, 또 양탄자로 빨리 왔다고 해도 제 마법 사과가 없었다면 공주님의 병을 고칠 수는 없었을 것입니다."

삼 형제의 말을 듣고 있던 임금은 깊이 생각한 끝에, 마법 사과를 가졌던 막내를 사윗감으로 결정했습니다. 첫째와 둘째가 그 이유를 묻자, 임금은 이렇게 대답했습니다.

"ⓒ _____

ⓔ 그래서 나는 자신의 보물을 아낌없이 공주에게 바친 막내를 사윗감으로 택하겠네."

(탈무드)

---

* 공: 어떤 일을 하는 데에 들인 힘이나 노력.
* 질세라: 질까 봐 염려하여.
* 사윗감: 사위로 삼을 만한 사람.

1 이 글에 등장하지 <u>않는</u> 사람은 누구인가요? | 인물 |

① 임금   ② 왕비

③ 공주   ④ 의사

⑤ 삼 형제

2 다음 중 ㉠과 같은 뜻의 낱말을 찾으세요. | 어휘 |

① 맏딸   ② 고명딸

③ 외딸   ④ 수양딸

⑤ 손녀딸

3 '어떤 내용을 널리 알리는 글'의 뜻을 지닌 낱말을 찾아 쓰세요. | 어휘 |

		문

4 삼 형제가 가진 보물을 바르게 연결하세요. | 내용 파악 |

(1) 첫째 •   • 양탄자

(2) 둘째 •   • 마법 사과

(3) 셋째 •   • 망원경

5 이 글의 내용과 <u>다른</u> 것을 고르세요. |내용 파악|

① 공주가 몹쓸 병에 걸렸다.

② 임금은 공주의 병을 고치는 사람에게 왕위를 물려주기로 했다.

③ 삼 형제에게는 귀한 보물이 하나씩 있었다.

④ 삼 형제는 힘을 합쳐 공주의 병을 고치기로 했다.

⑤ 임금은 처음부터 첫째를 공주의 사윗감으로 정했다.

6 삼 형제 가운데 공주와 결혼을 하게 된 사람은 누구인가요? 앞 글에서 찾아 쓰세요.
|내용 파악|

_____

7 ⓛ은 어떤 뜻으로 쓰였나요? |표현|

① 공주의 병을 고칠 수 없다.

② 공주의 병을 고칠 수 있다.

③ 공주가 꾀병을 부리는 것 같다.

④ 더 자세히 관찰해야 공주의 병을 알 수 있겠다.

⑤ 다른 사람도 옮을 수 있으니 떼어 놓는 것이 좋겠다.

8 ⓔ을 보고, ⓒ에 가장 알맞은 문장을 찾으세요. |추론|

① 첫째와 둘째는 나이가 너무 많네.

② 막내가 재산을 제일 많이 가지고 있네.

③ 첫째와 둘째는 나에게 보물을 주지 않았네.

④ 그대들은 아직 보물을 가지고 있지만, 막내에게는 보물이 남아 있지 않네.

⑤ 그대들은 보물을 좋아하지만, 막내는 그렇지 않네.

옛날 어느 나라에 아름다운 공주가 살았습니다. 하지만 공주는 버릇이 없고 남을 업신여겼습니다. <u>청혼</u>하러 오는 왕자들을 비웃으며 놀리기까지 했습니다.

어느 날 왕은 공주와 결혼하고 싶어 하는 젊은이들을 초대했습니다. 공주는 그들을 보며 뚱뚱한 사람에게는 "항아리 같군요", 키 큰 사람에게는 "<u>엿가락</u>처럼 늘어지셨네!" 하고 놀렸습니다. 그중 턱이 좀 굽은 왕자를 가장 심하게 놀렸습니다.

"어머머! 턱이 꼭 지빠귀 새의 부리 같군요."

공주는 왕자를 보며 배를 잡고 웃었습니다. 그 후부터 왕자는 지빠귀 부리라는 별명으로 불렸습니다. 그 모습을 지켜본 왕은 무척 화가 났습니다.

"내일 아침, 궁궐에 첫 번째로 오는 거지에게 공주를 시집 보내겠다!"

다음 날, 떠돌이 <u>악사</u>가 공주의 창 아래에서 노래를 불렀습니다. 왕은 악사에게 공주를 아내로 맞게 하였습니다. 공주는 울면서 결혼식을 치르고, 악사를 따라 궁궐을 나왔습니다. 얼마 후, 두 사람은 울창한 숲으로 들어섰습니다.

"아, 이 아름다운 숲은 누구 것이지요?"

"지빠귀 부리 왕자의 것이라오. 그를 택했더라면 이 숲도 당신 것이 되었을 테지."

조금 더 가니, 넓은 들판이 펼쳐졌습니다.

"아, 이 푸르고 아름다운 들판은 누구 것이지요?"

"지빠귀 부리 왕자의 것이라오. 그를 택했더라면 당신 것이 되었을 텐데."

들판을 지나자 커다란 도시가 나왔습니다. 그러자 공주가 또 물었습니다.

"이 아름다운 도시는 누구 것이지요?"

"지빠귀 부리 왕자 것이라오. 그와 결혼했더라면 당신의 것이 되었겠지요."

"아! 지빠귀 부리 왕자와 결혼하면 좋았을 걸……. 난 정말 불행한 사람이야!"

"에잇! 왜 내 앞에서 계속 다른 남자 얘기를 하는 것이요? 내가 당신 남편이요!"

저녁이 되어 두 사람은 오두막집에 도착했습니다. 악사는 불을 피울 줄도, 요리할 줄도 모르는 공주를 도와 초라한 저녁 식사를 차렸습니다.

며칠 후, 악사는 버드나무 가지를 꺾어다 주며 말했습니다.

"양식이 다 떨어졌구려. 당신이 이것으로 바구니라도 짜서 내다 팔아요."

거친 나뭇가지 때문에 공주의 손에 상처가 났습니다. 그래서 악사는 천을 짜 보라고 했습니다. 그러자 이번에는 뻣뻣한 실에 손이 베여 피가 흘렀습니다.

"이것도 안 되겠군. 그럼 항아리를 사 올 테니 시장에 나가 팔아 봐요."

공주는 창피했지만 굶지 않으려면 어쩔 수 없었습니다. 장사가 잘되어 그럭저럭 생활하던 어느 날, 술 취한 군인이 말을 타고 달려와 항아리를 모두 깨뜨렸습니다.

공주는 울면서 집으로 달려가서 시장에서 있었던 일을 남편에게 말했습니다.

"정신을 딴 데 파니 그렇지! 마침 궁궐에 부엌일할 사람이 필요하다니 가 봐요."

공주는 궁궐의 부엌데기가 되어 궂은일을 도맡아 했습니다. 음식이 남으면, 그것을 단지에 담아 가지고 와서 남편에게 주었습니다.

그러던 어느 날, 왕의 큰아들이 결혼식을 올렸습니다. 공주도 문 앞에서 결혼식을 구경했습니다. 모든 것이 아름다웠고 초대된 사람들의 옷차림도 훌륭했습니다.

'이렇게 초라해진 건 다 내 잘못 때문이야. 남을 그렇게 깔보지 않았더라면…….'

공주는 지난날을 뉘우쳤습니다. 그때 화려한 모습의 왕자가 나타나 공주에게 춤을 추자고 했습니다. 공주는 왕자를 보고 깜짝 놀랐습니다. 그는 공주가 비웃던 지빠귀 부리 왕자였습니다. 왕자가 공주의 손을 끌어당기자 주머니 속에 있던 단지가 떨어지며 음식이 사방으로 흩어졌습니다. 이를 본 사람들이 웃음을 터뜨렸습니다. 공주는 창피하여 문밖으로 뛰쳐나갔습니다. 왕자는 공주를 뒤쫓았습니다.

"나를 잘 봐요. 당신과 함께 살던 떠돌이 악사요. 내가 모든 일을 꾸몄소. 항아리를 깨뜨린 것도 나요. 당신의 거만한 행동을 고쳐 주려고 내가 꾸민 일이오."

공주는 눈물을 흘리며 말했습니다.

"난 당신의 아내가 될 자격이 없어요. 당신에게 너무 못된 짓을 한 걸요."

"다 지나간 일이오. 이제 우리의 결혼을 축하합시다."

공주는 모든 사람의 축복 속에서 다시 결혼식을 올리고 행복하게 살았습니다.

(그림 형제)

1 이 글에 등장하지 않는 사람은 누구인가요? |인물|

① 왕   ② 왕비   ③ 공주

④ 악사   ⑤ 군인

2 다음 중 낱말 풀이가 잘못된 것을 고르세요. |어휘|

① 청혼: 자기와 결혼해 달라고 말하는 것.

② 엿가락: 길고 가늘게 뽑은 엿.

③ 악사: 악기로 음악을 연주하는 사람.

④ 부엌데기: 부엌일을 맡아서 하는 여자를 얕잡아 이르는 말.

⑤ 단지: 작은 나무 상자.

3 뉘우치기 전의 공주에 대한 설명으로 어울리지 않는 것을 고르세요. |추론|

① 남을 깔본다.   ② 남을 때린다.

③ 남을 업신여긴다.   ④ 남을 무시한다.

⑤ 남을 비웃는다.

4 공주의 모습을 지켜본 왕이 화를 낸 까닭으로 가장 알맞은 것을 고르세요. |추론|

① 공주가 청혼자들을 모두 싫다고 해서.

② 공주가 잘난 체하며 자기 자랑을 늘어놓아서.

③ 공주가 왕의 체면을 깎아내려서.

④ 공주가 왕의 말을 듣지 않아서.

⑤ 공주가 사람들을 외모로 보고 평가하며 거만하게 굴어서.

5 이 글에 대한 설명으로 잘못된 것을 고르세요. | 내용 파악 |

① 공주는 결혼한 이후 성격에 변화가 일어났다.

② 지빠귀 부리 왕자와 악사는 같은 인물이다.

③ 공주는 지빠귀 부리 왕자와 결혼했다.

④ 공주는 자신의 신세를 한탄하며 궁궐로 돌아가기를 손꼽아 기다렸다.

⑤ 공주는 어려움을 겪으며 거만했던 자신을 반성했다.

6 지빠귀 왕자가 자신의 신분을 속여 가며 공주를 고생시킨 까닭을 찾아 쓰세요. | 내용 파악 |

_____

7 다음은 이야기의 사건이 일어난 장소입니다. 순서대로 정리하세요. | 내용 파악 |

| 숲 | 시장 | 궁궐의 부엌 | 오두막집 |

궁궐 → [　　　] → [　　　]

→ [　　　] → [　　　]

8 이 글에 나오는 공주와 가장 비슷한 행동을 한 사람은 누구인가요? | 적용 |

① 현이: 짝과 준비물을 나눠 쓰기 싫어서 일부러 모른 척했다.

② 진수: 동생이 자꾸 귀찮게 해서 꿀밤을 주었다.

③ 세현: 거짓말을 하여 친구들 사이를 갈라놓았다.

④ 용주: 수업 시간에 선생님 말씀을 듣지 않고 제멋대로 행동했다.

⑤ 기준: 키가 작은 친구에게 '꼬맹이'라고 별명을 지어 부르며 놀렸다.

어느 방앗간 주인이 방앗간과 당나귀 한 마리, 고양이 한 마리를 남겨 두고 세상을 떠났습니다. 세 아들은 아버지께 물려받은 재산을 나누기로 했습니다. 그리하여 큰아들은 방앗간, 둘째는 당나귀, 막내는 고양이를 나눠 가졌습니다.

고양이를 받은 막내아들은 실망하여 말했습니다.

"형들은 방앗간과 당나귀로 돈을 벌 수 있을 거야. 하지만 난 어떻게 하지?"

그 말을 듣고 고양이가 말했습니다.

"주인님, 너무 걱정하지 마세요. 제게 자루 하나와 장화 한 켤레만 준비해 주세요. 그러면 제가 그리 쓸모없는 고양이가 아니라는 걸 알게 되실 거예요."

주인은 고양이에게 재주가 있는 것을 알고 있었기에 부탁을 들어주었습니다.

고양이는 장화를 신고 자루는 목에 걸고 토끼 사육장으로 갔습니다. 고양이는 자루 안에 먹이를 넣고 몸을 숨긴 채, 토끼가 자루에 들어가기를 기다렸습니다. 얼마쯤 지나자 토끼가 먹이를 먹으려고 자루에 들어갔습니다. 고양이는 얼른 자루를 묶어 토끼를 잡았습니다.

고양이는 임금을 찾아가 엎드려 절을 하고는 토끼를 바치며 말했습니다.

"임금님, 이 토끼는 카라바 후작이 임금님께 선물로 드리는 것입니다."

㉠ 고양이는 이런 방법으로 서너 달 동안 짐승을 잡아 임금에게 바쳤습니다.

어느 날, 고양이는 임금과 공주가 나들이할 것이라는 계획을 알아내었습니다.

"주인님, 강에서 헤엄을 치고 계시면 큰 행운이 올 거예요."

주인은 무슨 일인지 알 수 없었지만 일단 고양이가 시키는 대로 했습니다. 그때 임금의 마차가 그곳을 지나갔습니다. 그러자 고양이는 크게 외쳤습니다.

"구해 주세요! 카라바 후작님께서 물에 빠지셨어요!"

* 사육장: 가축이나 짐승을 기르는 곳.
* 후작: 귀족의 한 부류.

임금은 밖을 내다보았습니다. 물에 빠져 허우적거리는 사람이 카라바 후작이라는 말에, 임금은 호위병에게 얼른 후작을 구해 주라고 명령했습니다.

고양이는 임금에게 다가가 얘기했습니다.

"후작이 강에서 목욕하는 사이에 도둑이 나타나 옷을 훔쳐 갔습니다."

임금은 카라바 후작에게 옷을 내주었습니다. 좋은 옷으로 갈아입은 후작은 아주 늠름하고 멋있었습니다. 이 모습을 본 공주는 후작에게 한눈에 반했습니다.

임금은 카라바 후작에게 함께 마차를 타고 나들이를 가자고 했습니다. 그 말을 들은 고양이는 마차를 앞질러 가 들에서 풀을 베고 있는 사람들에게 말했습니다.

"임금님이 지나가다 이 들판이 누구 것이냐고 묻거든, 꼭 카라바 후작님 것이라고 말하세요. 안 그러면 살아남지 못할 거예요."

고양이는 밀밭에서 밀을 베는 사람들에게도 임금이 밭 주인을 물으면 카라바 후작이라고 대답하라고 말했습니다. 임금이 지나가는 곳의 모든 것을 카라바 후작의 것이라 대답하게 했습니다. 임금은 사람들의 말을 듣고 무척 놀랐습니다.

마지막으로, 고양이는 아름답고 커다란 성에 이르렀습니다. 그 성의 주인은 괴물이었습니다. 고양이는 미리 괴물에 대해 알아 두고는 괴물을 찾아갔습니다.

"듣기로는 성주님이 마술을 부리신다던데, 제게도 보여 주실 수 있나요?"

괴물은 바로 사자로 변했습니다. 고양이는 무서운 척하며 나무 뒤에 몸을 숨겼습니다. 괴물이 원래 모습으로 돌아왔을 때 고양이가 다시 말했습니다.

"잘 보았습니다. 하지만 생쥐처럼 작은 동물로는 변하지 못하실 것 같습니다."

"뭐야! 내가 그것도 못 할 거라고! 어디 잘 보아라."

생쥐로 변한 괴물을 보고, 고양이는 얼른 달려들어 꿀꺽 삼켜 버렸습니다.

임금 일행이 그 성 앞에 도착하자 고양이는 달려 나가 임금을 맞이했습니다.

"전하, 카라바 후작의 성에 오신 것을 환영합니다."

"이게 후작의 성이라고? 오, 후작, 정말 아름다운 성과 정원이군요."

* 호위병: 누구를 따라다니며 곁에서 지키는 병사.
* 성주: 성의 주인.

임금과 공주는 고양이의 안내를 받아 아름다운 성으로 들어갔습니다. 성 안에는 갖가지 맛있는 음식들이 차려져 있었습니다.

임금은 술을 몇 잔 마신 뒤 카라바 후작에게 말했습니다.

"후작, 내 사위가 되어 주겠소?"

카라바 후작은 임금에게 공손히 인사하고 공주의 손을 잡았습니다. 그날 저녁 카라바 후작은 공주와 결혼식을 올렸습니다. 카라바 후작과 공주, 그리고 고양이는 성에서 즐겁게 살았습니다.

(샤를 페로)

1 이 글에 등장하는 인물과 그에 대한 설명입니다. 바르게 짝지으세요. | 인물 |

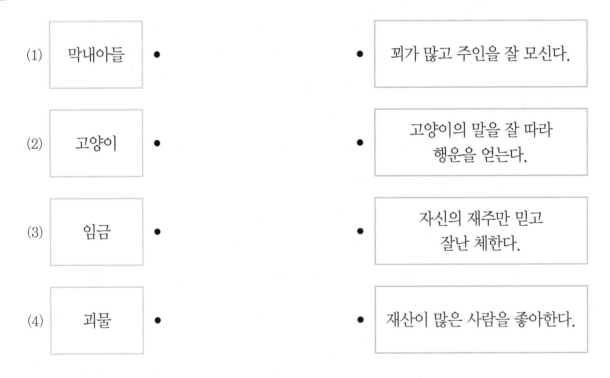

(1) 막내아들 •
(2) 고양이 •
(3) 임금 •
(4) 괴물 •

• 꾀가 많고 주인을 잘 모신다.
• 고양이의 말을 잘 따라 행운을 얻는다.
• 자신의 재주만 믿고 잘난 체한다.
• 재산이 많은 사람을 좋아한다.

2 고양이는 막내아들에게 무엇과 무엇을 달라고 했나요? 두 가지를 찾으세요. | 내용 파악 |

① 방앗간　　　② 당나귀　　　③ 자루
④ 장화　　　　⑤ 토끼

3 다음 중 이 글의 내용과 같은 것을 찾으세요. | 내용 파악 |

① 방앗간 주인의 세 아들은 물려받을 재산을 두고 서로 다투었다.

② 막내아들은 고양이를 물려받고도 실망하지 않았다.

③ 막내아들은 강에서 헤엄을 치다가 죽을 뻔하였다.

④ 괴물은 고양이보다 작은 동물로는 변하지 못하였다.

⑤ 괴물의 아름다운 성은 결국 카라바 후작의 것이 되었다.

4 고양이는 왜 ㉠처럼 행동했을까요? | 추론 |

① 임금이 사냥을 귀찮아해서.   ② 주인을 임금에게 잘 보이게 하려고.

③ 공주와 결혼하고 싶어서.   ④ 임금을 협박하려고.

⑤ 자신의 힘을 과시하려고.

5 다음을 보고 이 글의 순서에 맞게 빈칸에 번호를 쓰세요. | 줄거리 |

① 고양이는 토끼와 다른 짐승들을 잡아 왕에게 바쳤다.

② 카라바 후작과 공주가 결혼식을 올렸다.

③ 방앗간 주인이 죽자 아들들은 방앗간, 당나귀, 고양이를 나누어 가졌다.

④ 임금이 물에 빠져 있던 카라바 후작을 구해 주고 옷을 주었다.

⑤ 고양이가 생쥐로 변한 괴물을 잡아먹었다.

□ → □ → □ → □ → □

옛날 금강산에 사이좋은 오누이가 살았습니다. 부모님이 일찍 죽어 둘은 서로를 의지하며 살았습니다.

어느 날, 누나가 갑자기 큰 병에 걸려 앓아눕게 되었습니다. 동생은 병에 좋다는 약을 구해 먹였지만 누나의 병은 좀처럼 나아지지 않았습니다.

그래도 포기하지 않고, 동생은 약초를 찾아다녔습니다. 그러던 어느 날, 산속에서 어떤 할아버지를 만났습니다. 할아버지는 동생에게 이런 말을 하고 사라졌습니다.

"네 누나의 병은 인간 세상의 약초로는 고칠 수 없다. 하늘나라의 계수나무 열매만이 네 누나를 낫게 할 수 있다."

동생은 집으로 달려갔습니다.

"누나, 하늘나라의 계수나무 열매를 먹으면 누나 병이 낫는대. 조금만 기다려. 내가 금방 구해 올게."

누나는 말렸지만 동생은 바로 계수나무 열매를 찾아 떠났습니다.

동생은 어떻게 하면 하늘나라에 올라갈 수 있을지 고민하다가, 금강산 꼭대기에 오르기로 했습니다. 바위에 긁히면서도 마침내 비로봉에 올랐습니다. 하지만 하늘은 멀기만 했습니다. 동생은 달을 바라보며 한숨을 내쉬었습니다.

그때, 선녀가 비로봉에 올라오는 모습이 보였습니다. 동생은 숨어서 그 선녀의 모습을 지켜보았습니다. 선녀는 바위에서 구슬을 꺼내어 하늘에 비추었습니다. 그러자 하늘에서 반짝이는 사다리가 내려왔습니다. 선녀는 구슬을 바위 구멍에 넣어 놓고는 그 사다리를 타고 하늘로 올라갔습니다.

동생은 ㉠ 선녀와 같은 방법으로 하늘에 올라가기로 했습니다. 그래서 ㉡ ☐☐☐☐☐☐☐☐. 그랬더니 아까처럼 사다리가 하늘에서 내려왔습니다. 동생은 얼

---

* 계수나무: 키가 크고, 봄에 잎보다 먼저 빨간 꽃이 피는 나무. 옛날 사람들은 달에 토끼와 같이 있다고 믿었다.

른 사다리에 올라타 하늘나라로 올라갔습니다.

동생은 달에 사는 옥토끼에게 계수나무 열매를 얻으려면 어찌해야 하는지 물어보았습니다.

"무슨 일이 있어서 계수나무 열매를 구하러 하늘나라까지 왔나요?"

동생이 사정을 말하자 옥토끼는 계수나무 열매를 하나 따 주었습니다.

"얼른 가지고 내려가세요. 하늘 왕님께서 아시면 크게 화를 내실 거예요."

동생은 열매를 옷 속에 넣고 얼른 사다리에 올랐습니다. 빨리 집에 가서 누나를 낫게 하고 싶었습니다.

한편, 누나는 아무리 기다려도 동생이 오지 않아 걱정하였습니다. 몸이 아팠지만 가만히 있을 수 없었습니다. 초롱에 불을 붙여 들고는 동생이 간 금강산 비로봉으로 향했습니다. 얼마쯤 올랐을까, 하늘에서 이상한 소리가 들려왔습니다.

"여기가 어디인 줄 알고 인간이 감히 하늘나라에 발을 들여놓느냐!"

동생의 모습을 본 하늘 왕이 화를 내며 사다리를 내려쳤습니다. 하늘 왕의 힘에 사다리는 부서졌습니다. 사다리와 함께 바닥으로 떨어져 동생이 죽고 말았습니다. 산을 오르던 누나도 동생의 모습을 보고는 너무 놀라 그 자리에 쓰러지고 말았습니다.

하늘 사다리가 무너진 자리에는 큰 돌무더기가 남았는데 햇빛을 받으면 반짝반짝 빛이 났습니다. 또 누나가 죽은 자리에는 예쁜 꽃이 피었습니다. ⓒ 누나가 초롱을 들고 있는 모습과 매우 닮은 꽃이었습니다. 사람들은 그 꽃을 '금강산에 핀 초롱'이라고 하여 '금강초롱'이라고 불렀습니다.

(전설)

* 옥토끼: 달에 산다는 전설의 토끼.
* 초롱: 촛불이 바람에 꺼지지 않도록 겉에 천이나 종이를 씌운 등.

1 금강산의 가장 높은 봉우리 이름을 이 글에서 찾아 쓰세요. | 내용 파악 |

2 인물에 대한 설명으로 <u>틀린</u> 내용을 찾으세요. | 인물 |

① 누나: 몸은 아프지만 동생을 걱정하는 마음이 크다.

② 동생: 위험을 감수할 만큼 누나를 지극히 사랑한다.

③ 할아버지: 누나를 치료할 수 있는 약을 동생에게 알려주는 신비로운 인물이다.

④ 옥토끼: 동생의 사정을 듣고 약을 구해 주었다.

⑤ 하늘 왕: 누나를 사랑하는 동생의 모습에 감탄하여 동생을 도와주었다.

3 이 글의 주제로 가장 알맞은 것을 찾으세요. | 주제 |

① 남매의 우애   ② 부모님의 사랑   ③ 부모에 대한 효도

④ 자연보호   ⑤ 안전의 중요성

4 누나의 병을 낮게 할 약은 무엇인가요? | 내용 파악 |

_____

5 이 글의 내용과 맞는 문장을 찾으세요. | 내용 파악 |

① 누나는 부모님이 죽은 것과 같은 병에 걸렸다.

② 동생은 아무 말도 남기지 않고 약을 찾아 하늘나라에 올라갔다.

③ 동생은 금강산 비로봉에서 하늘나라에 날아 올라갔다.

④ 누나는 아픈 몸을 이끌고 동생을 찾아 나섰다.

⑤ 누나는 병이 심해져 죽고 말았다.

6 ⊙을 보고, ⓒ에 들어갈 내용을 쓰세요. | **내용 파악** |

_____

7 다음 초롱 그림과 ⓒ을 참고하여 '금강초롱'의 모습을 찾으세요. | **추론** |

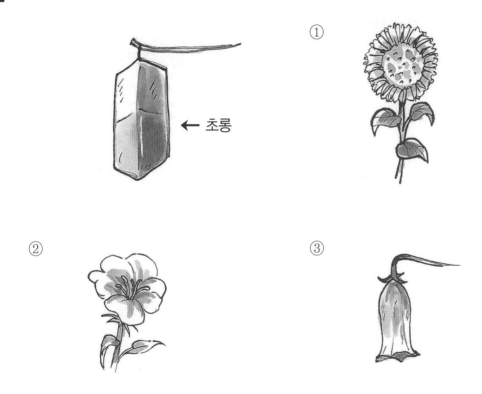

← 초롱

①

②

③

8 이 글을 읽고 난 감상으로 가장 거리가 먼 것을 찾으세요. | **감상** |

① 민수: 부모님을 잃고 누나까지 아프면 나 같아도 동생처럼 약을 구하러 다닐 것 같아.

② 정민: 하늘 왕을 말리지 않은 옥토끼가 얄미워.

③ 나래: 누나를 사랑하는 동생에게 감동해서 신령님이 할아버지로 나타난 것 같아.

④ 수연: 하늘 왕이 오누이를 이해해 주었으면 좋았을 텐데. 너무 아쉬워.

⑤ 성현: 아픈데도 산에 오르는 걸 보니 누나도 동생을 무척 사랑하는 것 같아.

[가] "우와, 선물이다."

세료자는 탁자 위에 놓인 선물들을 보니 무척 행복했습니다.

세료자는 여러 선물 가운데에서 새를 잡는 그물이 가장 마음에 들었습니다. 작은 널빤지에 그물을 달아 만든 것이었습니다.

"그물을 마당 한쪽에 가져다 놓고 이 널빤지 위에 낟알을 뿌리렴. 새가 날아와 널빤지 위에 앉는 순간 그물이 확 펼쳐진단다. 그러면 너는 새의 주인이 되는 거지."

[나] 세료자는 삼촌에게서 받은 그물을 자랑하고 싶어서 어머니께 쪼르르 달려갔습니다.

"어머니, 삼촌께서 새 잡는 그물을 선물로 주셨어요. 정말 멋지죠?"

하지만 어머니는 시큰둥한 얼굴로 세료자를 바라보았습니다.

"좋은 장난감은 아니구나. 새를 잡아서 어떻게 하려고 그러니?"

"그, 그건……. 어머니, 전 새를 잡아서 예쁜 새장에 넣을 거예요. 새에게 먹이도 주고, 깨끗이 씻겨 줄 거예요. 새장은 항상 깨끗하게 청소도 해 주고요. 그러면 날마다 새가 지저귀는 소리를 들을 수 있을 거예요."

[다] 다음 날 아침, 세료자는 마당 한쪽에 그물을 놓았습니다. 하지만 세료자가 지키고 있어서인지 새는 날아들지 않았습니다. 그래서 세료자는 집에 들어가 밥을 먹고 나오기로 했습니다. 얼마 뒤 다시 마당으로 나왔을 때, 세료자는 깜짝 놀랐습니다. 그물에 갇힌 새 한 마리가 파드득파드득 날갯짓을 하고 있었기 때문이었습니다.

[라] 세료자는 얼른 새를 꺼내 들고는 어머니께 달려갔습니다.

"어머니! 새를 잡았어요. 가슴이 팔딱팔딱 뛰는 게 아마도 꾀꼬리 같아요!"

"이건 꾀꼬리가 아니라, 방울새란다. 세료자야, 새가 슬퍼하는 것 같은데 놓아 주는 게 어떠니?"

"싫어요. 힘들게 잡았는데……. 전 이 새를 기를 거예요."

세료자는 방울새를 새장에 넣고 이틀 동안은 잘 보살펴 주었습니다.

[마] 그러나 사흘째가 되자 세료자는 방울새를 까맣게 잊어버리고 말았습니다. 새장 바닥엔 곡식 낟알들이 지저분하게 널려 있었고 물은 말라 있었습니다.

"그것 봐라. 넌 벌써 새를 돌보는 걸 잊어버리지 않았니. 이제 새를 놓아 주렴."

"아니요. 곧 물도 갈아 주고 청소도 할게요."

[바] 세료자는 새장 속을 청소한 뒤 물을 가지러 갔습니다. 어머니는 세료자가 새장 문을 닫지 않은 것을 보고 큰 소리로 외쳤습니다.

"세료자야, 어서 새장 문을 닫아라. 새가 날아가다 다치겠다."

어머니의 말씀이 채 끝나기도 전에 방울새는 기쁜 듯이 날개를 펼치고 새장을 빠져나와 방 안으로 날아들더니 창문 쪽으로 날아갔습니다. 그렇지만 유리를 보지 못해 창에 부딪치고 말았습니다.

세료자는 바르르 날개를 떨며 축 늘어져 있는 방울새를 새장 속에 넣었습니다.

"어머니, 이제 어떡하죠?"

[사] 세료자는 방울새를 한참 바라보다가 나중에는 울음을 터뜨렸습니다. 세료자는 온종일 새장을 떠나지 않았습니다. 방울새는 여전히 작은 가슴으로 숨을 몰아쉬며 고통스러워했습니다. 세료자는 밤새 잠을 이루지 못했습니다. 눈을 감아도, 엎드린 채 괴로운 숨을 쉬고 있는 방울새의 모습이 떠올랐습니다.

다음 날 아침, 세료자가 새장을 보니 방울새는 이미 ㉠ 몸을 웅크린 채 뻣뻣하게 굳어 있었습니다. ㉡ 세료자는 그 뒤로 다시는 새를 잡지 않았습니다.

(톨스토이)

1 이 글의 중심 생각은 무엇인가요? | 주제 |

① 새는 기르기 어렵다.

② 새장 문을 잘 닫고 다녀야 한다.

③ 부모님 말씀을 잘 들어야 한다.

④ 모든 생명은 소중하기 때문에 기르는 데에 책임이 따른다.

⑤ 주는 사람의 정성을 생각해서 선물을 소중히 다루어야 한다.

2 이 글의 내용을 정리하였습니다. 순서에 맞게 번호를 쓰세요. | 줄거리 |

① 그물로 방울새를 잡았다.

② 방울새를 잘 돌보아 주었다.

③ 세료자는 삼촌에게서 선물을 받았다.

④ 방울새가 유리에 부딪쳐 죽고 말았다.

⑤ 새장의 문이 열린 틈에 방울새가 나왔다.

3 ㉠은 무슨 뜻일까요? | 표현 |

① 날개가 부러져서 날지 못한다.

② 새가 죽었다.

③ 새에게 붕대를 감아 주었다.

④ 날아오르기 위해 웅크리고 있다.

⑤ 몸을 움직일 수 없을 만큼 크게 다쳤다.

4 세료자는 삼촌에게 어떤 선물을 받았나요? | 내용 파악 |

□ 를 잡는 □□

5 ⓒ으로 알 수 있는 세료자의 마음이 <u>아닌</u> 것은 무엇인가요? | 추론 |

① 새를 제대로 돌보지 못한 것에 대한 미안함.

② 새가 죽은 것에 대한 슬픔.

③ 친구들에게 놀림 받을 것에 대한 부끄러움.

④ 새를 잡은 것에 대한 후회.

⑤ 생명을 소중하게 여기겠다는 다짐.

6 이 글을 세료자의 마음 상태에 따라 일곱 부분으로 나누었습니다. 빈칸에 세료자의 마음 상태를 알맞게 찾아 쓰세요. | 감상 |

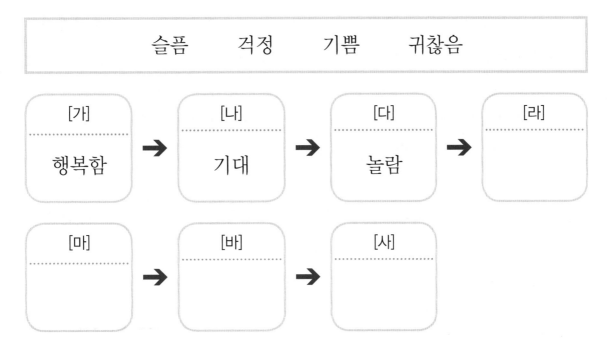

| 슬픔 | 걱정 | 기쁨 | 귀찮음 |

| [가] | → | [나] | → | [다] | → | [라] |
| 행복함 | | 기대 | | 놀람 | | |

| [마] | → | [바] | → | [사] |

옛날 어느 마을에 복동이와 길동이라는 아이가 살았습니다. 두 아이네 집은 매우 가난하였습니다. 어느 날, 두 아이는 이웃 마을 김 대감 집에 머슴을 살러 가기로 약속했습니다. 그러고 나서 며칠 후에 김 대감을 찾아갔습니다.

"머슴살이를 하겠다고? 농사일부터 집안 잡일까지 보통 힘들지 않을 텐데 너희처럼 어린아이들이 그 일을 할 수 있겠느냐?"

김 대감은 못 미더운 눈치였습니다.

"대감님, 저희는 어릴 때부터 열심히 일했습니다. 삼 년만 저희를 써 주세요."

"삼 년이라? 너희 소원이 정 그러하다면 우리 집에서 머슴 일을 하여라. 하지만 게으름을 부리면 당장 쫓아낼 것이다. 알겠느냐?"

그렇게 복동이와 길동이는 김 대감 집에서 머슴살이를 시작했습니다. 나무를 하고, 장작을 패고, 쇠꼴을 베고, 거름을 만드는 등 온갖 궂은일을 했습니다.

복동이와 길동이가 열심히 일한 덕에 김 대감네 살림은 부쩍부쩍 늘었습니다.

어느덧 약속한 삼 년이 흘렀습니다. 김 대감이 복동이와 길동이를 불렀습니다.

"이제 내일이면 약속한 삼 년이 되는 날이다. 그동안 고생이 많았구나. 너희들 덕분에 우리 집은 훨씬 부유해졌으니 말이다. 보내기 섭섭하지만, 너희도 집에 가서 해야 할 일이 있다고 하니 더는 붙잡을 수 없구나."

김 대감은 잠시 생각하다가 다시 입을 열었습니다.

"마지막으로 부탁이 하나 있다. 뭐, 어려운 건 아니고 오늘 밤에 새끼줄을 좀 꼬아 주고 가면 좋겠구나. 아주 가늘고 질기게 꼬아 주면 더욱 좋겠다."

사랑채를 나오며 길동이는 화가 나 코웃음을 쳤습니다.

"흥, 내일이면 그만두는데 끝까지 부려 먹으려고 하는구나. 벌써 새경까지 받았는데 무슨 새끼줄이람……. 난 안 꼰다."

* 머슴을 살러: 머슴(다른 집의 농사일과 잡일을 하고 대가를 받는 사내)이 되어 일하러.

"삼 년 일한 거 마지막까지 잘하면 좋지 않니? 대감님의 마지막 부탁이잖아."

길동이는 복동이의 말을 들은 척도 않고 이웃집에 놀러 갔습니다. 어쩔 수 없이 복동이는 혼자 앉아 밤늦게까지 새끼줄을 꼬았습니다. 마지막까지 열심히 하지 않는다면 지금껏 해 왔던 일이 소용없다는 것을 복동이는 잘 알고 있었습니다.

밤이 늦어서야 돌아온 길동이는 복동이를 보고 어이없다는 듯이 말했습니다.

"넌 지금껏 새끼줄을 꼬고 있는 거니? 어휴."

길동이는 짜증을 내더니 할 수 없다는 듯이 복동이 옆에 앉아 새끼줄을 꼬기 시작했습니다. 그저 야단이나 맞지 않으려고 성의 없이 굵게 대충대충 꼬았습니다.

이튿날 아침, 복동이와 길동이는 간밤에 꼰 새끼줄을 들고 대감에게 갔습니다.

"대감님, 새끼줄 여기 있습니다. 저희는 이제 떠나겠으니 안녕히 계십시오."

"수고했다. 떠나는 날까지 내 부탁을 잘 들어주었구나. 자, 날 따라오너라."

김 대감은 복동이와 길동이를 데리고 광으로 갔습니다. 광 한쪽에는 돈궤가 놓여 있었습니다. 돈궤 안에는 엽전이 가득 쌓여 있었습니다.

"그동안 열심히 일한 대가로 새경 말고도 상을 주고 싶어서 새끼줄을 꼬라고 했다. 여기 이 엽전을 너희들이 꼰 새끼줄에 마음껏 꿰어 가져가거라."

두 사람은 깜짝 놀라 눈이 휘둥그레져서 서로를 바라보았습니다.

"대감님, 고맙습니다."

두 사람은 각자 새끼줄에 엽전을 꿰기 시작했습니다. 새끼줄을 가늘게 꼬았던 복동이는 엽전을 쉽게 꿰었습니다. 어느덧 묵직한 엽전 꾸러미가 만들어졌습니다.

"야, 신난다. 이것만으로도 큰 부자가 되겠어!"

하지만 길동이는 새끼줄에 엽전이 들어가지 않아 쩔쩔매고 있었습니다. 새끼줄을 굵고 거칠게 꼬았기 때문입니다.

"어휴, 엽전이 들어가질 않네. 대감님 말씀대로 가늘고 질기게 꼬아 둘걸……."

길동이는 끝까지 성실하게 일하지 않은 것을 후회했지만 때는 이미 늦었습니다. 복동이가 새끼줄에 꿴 엽전을 말에다 가득 싣고 집으로 돌아올 때, 길동이는 겨우 엽전 몇 닢(동전을 세는 말)만 손에 들고 터덜터덜 돌아와야 했습니다.

(전래 동화)

1 이 글의 주제는 무엇인가요? | 주제 |

① 좋은 사람을 만나야 큰 부자가 될 수 있다.

② 친구와 사이좋게 지내면 복을 받는다.

③ 착한 사람은 복을 받고 나쁜 사람은 벌을 받는다.

④ 무슨 일이든 끝까지 최선을 다하는 것이 중요하다.

⑤ 어른 말을 들으면 자다가도 좋은 일이 생긴다.

2 다음 중 낱말 풀이가 <u>잘못된</u> 것을 고르세요. | 어휘 |

① 쇠꼴: 소에게 먹이는 풀.

② 사랑채: 여러 채로 이루어진 집에서, 남자 집주인이 지내며 손님을 맞이하는 집채.

③ 새경: 한 해 동안 일한 값으로 머슴한테 주던 돈이나 물건.

④ 광: 땅을 깊게 파서 만든 구덩이.

⑤ 돈궤: 돈을 넣어두려고 네모나게 만든 상자.

3 다음 한자어 가운데 길동이와 가장 어울리는 낱말은 무엇인가요? | 어휘 |

① 초지일관(初志一貫): 처음에 세운 뜻을 끝까지 밀고 나간다는 말.

② 결초보은(結草報恩): 죽어서도 잊지 않고 은혜를 갚는다는 말.

③ 용두사미(龍頭蛇尾): 처음은 좋지만, 끝이 좋지 않다는 말.

④ 고진감래(苦盡甘來): 고생 끝에 즐거움이 온다는 말.

⑤ 역지사지(易地思之): 남과 처지를 바꾸어 생각해 보라는 말.

4 이 글을 통해 알 수 있는 내용입니다. 빈칸에 들어갈 낱말을 알맞게 쓰세요. | 추론 |

옛날 동전인 엽전 가운데에는 [　][　]이 있어서 새끼줄로 꿸 수 있었다.

5 다음 중 앞 글의 내용과 같은 것을 고르세요. | 내용 파악 |

① 길동이와 복동이는 형제다.

② 길동이와 복동이 덕분에 김 대감은 더 부자가 되었다.

③ 길동이와 복동이는 김 대감 집에서 일 년 동안 머슴살이를 했다.

④ 김 대감은 머슴들이 떠나는 날까지 지칠 정도로 힘든 일을 많이 시켰다.

⑤ 김 대감은 길동이와 복동이에게 새경만 주고 내쫓았다.

6 다음 중 '전래 동화'의 특징으로 옳은 것 <u>두 개</u>를 고르세요. | 배경지식 |

① 실제 있었던 일만 이야기로 쓴다.

② 지은이가 누구인지 모른다.

③ 옛날부터 여러 사람의 입을 거쳐 전해졌다.

④ 리듬을 살려서 읽는다.

⑤ 동물이나 식물을 주인공으로 하며, 그들의 행동을 통해 교훈을 전달한다.

7 빈칸에 알맞은 말을 넣어 내용을 요약하세요. | 요약 |

> 가난한 복동이와 길동이는 김 대감 집에서 삼 년 동안 _____ 를
> 했다. 두 사람은 열심히 일했다. 삼 년을 하루 앞둔 날, 김 대감은 두 사람에게
> _____ 을 가늘고 질기게 꼬아 달라고 부탁했다.
> _____ 는 대감의 말대로 끝까지 최선을 다했지만, _____
> 는 이웃집에서 놀다 와서 대충대충 새끼줄을 꼬았다. 다음 날 김 대감은 상으
> 로 _____ 을 새끼줄에 끼워 가라고 했다. 복동이는 새끼줄이 가늘어
> 서 큰돈을 가져갔지만, 길동이는 겨우 몇 닢만 들고 갔다.

㉠ 엄마와 아빠는 신규가 그린 그림 한 장을 열심히 들여다보며 고개를 갸웃거립니다. 아무리 보아도 알 수 없는 그림이라는 표정입니다.

엄마는 빙그레 웃으며,

"이건 당신의 시보다 더 알기 어려운 그림인데요."

하며 아빠 얼굴을 쳐다봤습니다.

"그야 우리 신규가 아빠보다 더 훌륭해야지……."

하고 아빠도 빙그레 웃었습니다.

지금 신규는 낮잠을 자고 있습니다.

저녁때 아빠는 신규에게,

"신규야! 이 그림 제목이 뭐지?"

"제목이라는 게 뭐야?"

"이름 말이야. 동규, 남규, 신규 하는 이름 있잖아? 그림에두 어떤 걸 그렸다는 이름을 붙여 줘야지 않아?"

"응……, 이름? 이거 밤에 나무들이 누워 자는 그림이야!"

"밤인데 해는 왜 또 그렸니?"

"해는 산속에 있지 않아? 하늘엔 별이 있구……."

"옳아! 그러니까 '산속의 밤'이로군……."

그제야 아빠는 신규가 그린 그림의 뜻을 알 수 있었습니다.

'산속의 밤' 그림은 이런 것이었습니다.

㉡ 하늘엔 별이 총총 떠 있고 산 밑에는 나무들이 잘라 놓은 것 같이 가로놓여 있고, 맨 아래에 해가 눈을 감고 자고 있습니다. 그러니까 신규가 그린 건 산 너머 저쪽, 해가 숨어 버린 바로 그 산속을 그린 것입니다. 저 깊은 산 속에 사는 큰 나무들은 밤이면 우리 사람들처럼 누워서 쌔근쌔근 잠을 잘 것이라는 생각으로 그린 그림입니다.

아빠는 오래오래 신규의 그림을 들여다보다 신규에게,

"신규야! 나무들은 우리 사람들처럼 누워서 자지는 않는단다. 그냥 서서 잔단다."

하고 가르쳐 주었더니 신규는,

"그럼, 나무들은 얼마나 다리가 아플까? 난 그림에서라도 누워 자게 그렸으니까,

내가 그린 나무들은 좀 편할 거야!"

이런 말을 했습니다.

시를 쓰는 아빠도 신규의 말엔 깜짝 놀라 버리고 말았습니다.

"참말 우리 신규가 아빠보다 더 훌륭해! 아빠는 인제 신규의 말에서 좋은 시를 생

각했어……."

"시가 뭐야?"

"좋은 노랫말이야. 곡조가 없어두 부를 수 있는 노랫말이야……."

"아빠, 한번 불러 봐!"

아빠는 곧,

서서 자는 나무야!

밤에도 서서 자는 나무야!

다리 아프잖니?

ⓒ _____

"참 재미있네!"

신규가 손뼉을 쳤습니다.

신규는 제가 그린 그림을 벽에 붙여 놓고는,

나무가 나무가 누워서 잔다.

나무가 나무가 누워서 잔다.

해와 같이 누워서 잔다…….

하고 노래를 불렀습니다.

아빠는 '나무야 누워서 자거라'라는, 어렵고 긴 시를 정말 쓰기 시작했습니다.

(강소천)

* 노랫말: 노래의 내용이 되는 글.
* 곡조: 음악이나 노래의 가락.

1 ㉠의 까닭은 무엇인가요? | 내용 파악 |

① 그림을 너무 잘 그려서.

② 무엇을 그린 그림인지 알 수 없어서.

③ 그림을 너무 못 그려서.

④ 그림을 거꾸로 그려서.

⑤ 그림이 너무 슬퍼서.

2 ㉡을 그림으로 바르게 나타낸 것을 고르세요. | 적용 |

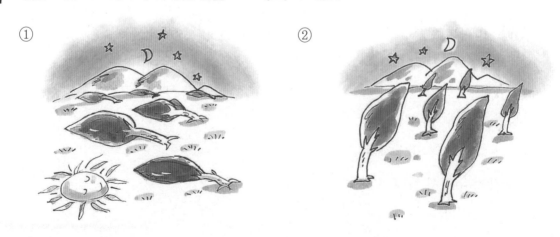

3 신규의 그림에 해와 별이 함께 있는 까닭은 무엇인가요? **|내용 파악|**

① 해와 별을 좋아하기 때문에.

② 달을 그리려다가 실수로 해를 그렸기 때문에.

③ 해와 달과 별은 밤낮으로 하늘에 떠 있는 것이기 때문에.

④ 밤에는 별이 떠 있고, 곧 아침이 와서 해가 뜰 것이기 때문에.

⑤ 밤에는 별이 떠 있고, 밤이 되면 해도 잠을 잔다고 생각했기 때문에.

4 신규 아버지는 무엇을 하는 사람일까요? **|추론|**

① 소설가   ② 동화 작가

③ 시인   ④ 음악가

⑤ 화가

5 ⓒ에 들어갈 문장은 이 글의 제목이기도 합니다. 가장 알맞은 것을 고르세요. **|추론|**

① 나무야, 잠들면 안 돼.   ② 나무야, 나랑 같이 자자.

③ 나무야, 화분에 심어 줄게.   ④ 나무야, 서서도 잘 자는구나.

⑤ 나무야, 누워서 자거라.

6 신규에 대해 바르게 이해하지 <u>못한</u> 사람은 누구인가요? **|감상|**

① 종서: 나무가 누워서 잔다고 생각하는 걸 보니, 신규는 어린아이 같아.

② 하은: 신규가 그린 그림을 생각해 보면, 상상력이 무척 풍부한 아이 같아.

③ 예민: 신규는 나무를 사랑하는 따뜻한 마음을 지녔어.

④ 송이: 신규는 남들이 이해하지 못하도록 일부러 그림을 어렵게 그린 것 같아.

⑤ 이우: 신규는 자기 생각을 분명하게 표현하는 똑똑한 아이야.

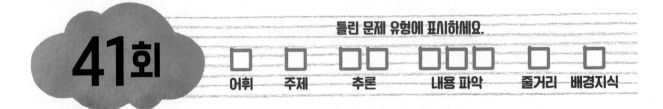

아주 먼 옛날, 시골에 사는 송 서방이 서울 구경을 갔다가 양초를 사 와서 마을 사람들에게 나눠 주었습니다. 양초를 처음 본 사람들은 그것이 어디에 쓰이는 물건인지 알 수 없었습니다. 마을 사람들은 양초를 들고 동네에서 아는 것이 많기로 소문난 글방 선생을 찾아갔습니다.

"선생님! 이것이 무엇에 쓰는 것인지 몰라 여쭈어보러 왔습니다."

"아니, 자네들은 그까짓 것도 모른단 말인가? 그것은 국을 끓여 먹는 것이라네. 서울 사람들은 그걸로 국을 끓여 먹는데, 맛도 좋고 몸에도 아주 좋다네."

"그럼 이것의 이름은 무엇이랍니까?"

"백어라는 생선이네. 백어는 원래 눈이 없고, 주둥이가 이렇게 뾰족하지."

"백어가 그렇게 맛이 있나요?"

"아무렴, 맛있고말고! 자아, 모두 우리 집에서 함께 끓여 먹고 가시게."

사람들은 물을 끓여 간장을 치고, 파와 양초를 썰어서 넣었습니다. 그러고는 펄펄 끓는 백엇국을 커다란 대접에 내어 왔습니다. 그런데 국을 먹으려고 들여다보니 하얀 기름이 둥둥 떠 있었습니다.

"선생님, 국에 이상한 기름이 둥둥 떠 있습니다. 이게 무엇입니까?"

"에잇, 무식한 사람들. 좋은 음식일수록 기름이 많은 법이라네!"

국에서 이상한 냄새가 났지만 물어보면 또 핀잔을 들을까 봐, 사람들은 억지로 참고 먹었습니다. 먹다 보니, 목구멍이 따갑고 쓰렸습니다. 그래서 참다못해 누군가 말했습니다.

"아이고, 서울 음식은 이렇게 목구멍이 아픕니까? 따갑고 아파 죽겠습니다."

글방 선생도 목구멍이 아팠지만 애써 참으면서 말했습니다.

"허허, 상놈의 목에 양반의 음식이 들어가니까 그렇지. 잠자코 먹게."

* 서방: 벼슬이 없는 사람의 성 뒤에 붙여 이르는 말.

그때, 양초를 나눠 준 송 서방이 들어왔습니다.

"아이고, 송 서방, 마침 잘 왔네. 자네가 가져다 준 백어로 국을 끓여 먹었더니 목이 아파 죽겠네. 그걸 먹으면 원래 이렇게 목이 따갑고 아픈가?"

송 서방은 깜짝 놀라서 눈이 휘둥그레졌습니다.

"아니, 그걸 먹다니? 그것은 먹는 게 아니고 불을 켜는 양초라네. 자, 내가 불을 켤 테니 잘 보시게."

송 서방이 주둥이라고 하던 심지에 불을 붙이니 주위가 온통 환해졌습니다. 그 모습을 본 사람들은 자신이 불을 먹었다며 펄쩍펄쩍 뛰었습니다. 그러더니 불을 꺼야 한다며 냇가로 달려갔습니다. ㉠ 얼굴이 새빨개져서 고개를 푹 숙이고 있던 글방 선생도 부리나케 뛰쳐나갔습니다.

"배 속에 불이 붙기 전에 빨리 물로 뛰어들게!"

마음이 조급해진 글방 선생이 고함을 지르고는 제일 먼저 물에 뛰어들었습니다. 그러자 모두 물로 풍덩풍덩 들어가서 머리만 내놓았습니다.

어느새 밤이 되었습니다. 한 나그네가 냇가를 지나다 냇물에 떠 있는 사람들의 머리를 보고 도깨비라고 생각했습니다.

"옳지! 저놈들이 도깨비로구나. 도깨비는 담뱃불을 무서워한다고 했으렷다!"

나그네는 담배를 물고 불을 붙였습니다. 마을 사람들은 자신들의 배 속에 있는 양초에 불을 붙이려는 줄 알고 머리까지 물에 담갔습니다.

"역시, 도깨비란 놈들은 담뱃불을 무서워하는군."

나그네는 껄껄 웃으며 지나갔습니다.

(방정환)

1 '비꼬는 말투로 꾸짖는 일'이라는 뜻을 지닌 낱말을 찾아 쓰세요. |어휘|

2 이 글의 중심 생각을 알맞게 말한 사람을 고르세요. ┃주제┃

① 선미: 전기가 없던 시절에 양초는 우리 생활에서 매우 중요하게 쓰였어.

② 송주: 먹지 못하는 것을 함부로 먹으면 탈이 나.

③ 건우: 선물을 줄 때에는 사용법도 잘 알려 주어야 해.

④ 진주: 자기가 모르는 것을 함부로 아는 체 해서는 안 돼.

⑤ 예원: 도깨비가 나타나면 담뱃불을 비춰야 해.

3 글방 선생의 성격으로 알맞은 것을 고르세요. ┃추론┃

① 지혜롭고 참을성이 많다.

② 침착하고 조용하다.

③ 아는 체하기, 나서기를 좋아한다.

④ 소심하고 조심성이 많다.

⑤ 이해심이 많고, 남을 배려한다.

4 다음 중 앞 글을 읽고, 알 수 있는 내용이 <u>아닌</u> 것을 고르세요. ┃추론┃

① 옛날에는 양초가 널리 사용되지 않았다.

② 옛날에는 고기를 쉽게 먹지 못해 기름기 있는 음식을 좋은 음식으로 여겼다.

③ 옛날에는 시골 사람들이 서울에 자주 다녔다.

④ 옛날 사람들은 도깨비가 있다고 믿었다.

⑤ 옛날에는 상놈과 양반 등으로 신분이 나누어져 있었다.

5 마을 사람들이 나그네를 보고 머리까지 물속에 담근 까닭은 무엇인가요? ┃내용 파악┃

_____

_____

6 ㉠에서 알 수 있는 감정이 <u>아닌</u> 것을 고르세요. |내용 파악|

① 부끄러움.　　　　② 두려움.　　　　③ 미안함.

④ 불안함.　　　　⑤ 즐거움.

7 글방 선생은 양초를 무엇이라고 생각했나요? |내용 파악|

_____

8 글의 내용을 정리한 것입니다. 순서에 맞게 나열하세요. |줄거리|

> ① 송 서방은 서울에서 양초를 사와 이웃에게 나눠 주었다.
>
> ② 사람들은 냇가로 달려가 물에 몸을 담갔다.
>
> ③ 글방 선생은 양초로 국을 끓여 마을 사람들과 나눠 먹었다.
>
> ④ 송 서방은 마을 사람들에게 양초는 불을 켜는 것이라고 알려 주었다.
>
> ⑤ 나그네가 불을 켜자 사람들은 물속으로 숨었다.
>
> ⑥ 마을 사람들은 글방 선생을 찾아가 양초가 무엇에 쓰는 물건인지 물어보았다.

☐ → ☐ → ☐ → ☐ → ☐ → ☐

9 글방 선생과 같은 사람에게 어울리는 말입니다. '잘 알지도 못하는 사람이 아는 체하고 더 떠들어 댄다'라는 뜻을 지닌 속담을 찾으세요. |배경지식|

① 미운 놈 떡 하나 더 준다　　　② 친구 따라 강남 간다

③ 우물을 파도 한 우물만 파라　　④ 방귀 뀐 놈이 성 낸다

⑤ 빈 수레가 요란하다

조용하던 강에 큰 소동이 일어났습니다. 얼마 전부터 사람들이 강을 가로질러 놓은 그물에 물고기들이 잡힌 것입니다.

"오늘도 붕어 할아버지가 잡혔다며?"

"저런! 개구리 얘기로는, 사람들에게 잡히면 시장에서 팔리거나 바로 프라이팬에서 기름에 튀겨진다던데."

"세상에, 끔찍해라!"

물고기들은 모이기만 하면 그물 이야기로 야단이었습니다.

걱정을 하던 물고기들이 회의를 열었습니다. 하지만 ㉠ 뾰족한 방법이 없어 다들 걱정을 하고 있었습니다. 그때 뒤에서 물고기 한 마리가 외쳤습니다.

"그래! 그물을 찢는 거야!"

"맞아. 그물을 찢자!"

물고기들은 모두 ㉡ 이구동성으로 외쳤습니다.

어떤 방법으로 그물을 찢을 것인지 의견을 한참 나누었습니다. 그러던 끝에, 예전에 두 번이나 그물을 끊은 적이 있는 잉어를 대장으로 뽑았습니다.

잉어 대장은 그물에 대해 설명했습니다.

"그물에는 '추'라는 것이 달려 있어. 그 추가 그물을 강바닥까지 끌어내리는 거야. ㉢ 그물코가 작아서 우리가 빠져나가지 못하고 있으면 그때 사람들이 우리를 잡는 거지."

물고기들은 눈을 반짝이며 잉어 대장의 명령을 열심히 들었습니다.

"몸이 가늘고 미끄러운 뱀장어들은 그물이 어디에 있는지 몰래 알아 와. 힘센 잉어들이 ㉣ 그물추를 들어 올리면 이가 튼튼한 칠성장어들이 밧줄을 이로 끊어서 그물이 풀어지게 해. 나머지는 그물이 풀어지면 모두 달려들어서 물어뜯어. 그물을 못 쓰게 만드는 거야."

드디어 작전이 시작되었습니다.

뱀장어는 그물이 있는 곳으로 물고기들을 조심스럽게 데리고 갔습니다.

"물살이 세니 조심해. 그물 속으로 끌려 들어가면 안 돼!"

그물을 본 물고기들은 불끈 화가 났습니다.

"자, 시작이다. 잉어부터 계획대로 공격해!"

물고기들은 모두 순서대로 달려들어 맡은 일을 했습니다. 모두 용감하고 기운차게 달려들어 죽기 살기로 그물을 물어 찢고, 밧줄을 잡아당겨 뜯어 버렸습니다.

"와, 성공이다!"

줄이 하나둘 끊어지더니 그물이 너덜너덜하게 찢어지고 말았습니다. 그 모습을 보고 물고기들이 환호성을 질렀습니다. 물고기들은 그물을 모아서 강바닥에 버리고는 기뻐하며 춤을 추었습니다.

"모두 잘했어. 우리는 자유와 평화를 되찾았어. 우리 모두가 힘을 합쳐서 싸웠기 때문이야."

잉어 대장이 빙그레 웃으며 말했습니다.

(레오나르도 다 빈치)

1 무엇 때문에 일어난 이야기인가요? | 핵심어 |

① 강　　　　　　② 붕어　　　　　　③ 그물

④ 개구리　　　　⑤ 밧줄

2 빈칸에 알맞은 낱말을 찾아 써 이 글의 중심 생각을 완성하세요. | 주제 |

모두가 힘을 합쳐 [　　] 와 [　　] 를 되찾았다.

3 ㉠은 어떤 방법인가요? ｜표현｜

① 뾰족한 물건을 이용하는 방법.　　② 위험한 방법.

③ 딱 알맞고 좋은 방법.　　　　　　④ 남을 공격하는 방법.

⑤ 재빨리 도망치는 방법.

4 ㉡ 이구동성(異口同聲)의 뜻은 무엇인가요? ｜어휘｜

① 여러 사람이 똑같은 말을 한다.

② 여러 사람이 제각각 다른 의견을 말한다.

③ 여러 사람이 소곤소곤 이야기한다.

④ 여러 사람이 시끄럽게 떠든다.

⑤ 사람이 모이면 목소리를 높여 싸운다.

5 다음 그림에서 ㉢과 ㉣을 찾아 괄호 안에 이름을 쓰세요. ｜어휘｜

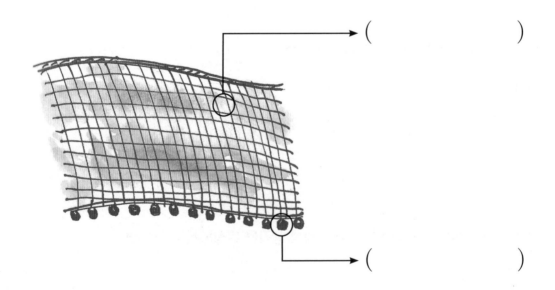

(　　　　　　　　)

(　　　　　　　　)

6 잉어가 대장으로 뽑힌 까닭은 무엇인가요? | 내용 파악 |

① 힘이 세서.

② 잉어의 숫자가 많아서.

③ 조심성이 많아서.

④ 물고기 가운데 나이가 가장 많아서.

⑤ 그물을 두 번이나 물어 끊은 적이 있어서.

7 다음 역할을 맡은 물고기를 찾아 쓰세요. | 내용 파악 |

(1) | 대장. | | |

(2) | 그물의 위치를 몰래 파악한다. | | |

(3) | 그물추를 들어 올린다. | | |

(4) | 밧줄을 이로 끊어 그물을 뚫어지게 한다. | | |

8 이 글의 내용과 가장 거리가 먼 이야기를 한 사람은 누구인가요? | 감상 |

① 희진: 어려운 문제가 닥치면 여럿이 모여 해결 방법을 찾는 것이 좋아.

② 승호: 경험이 많은 사람한테서 좋은 생각이 나와. 경험은 훌륭한 스승 같아.

③ 민주: 아무리 어려운 일이라도 협동하면 잘 이겨낼 수 있어.

④ 광철: 무슨 일을 하든, 잉어들처럼 힘이 센 사람이 제일 중요해.

⑤ 소민: 사람들도 물고기들처럼 평화로운 세상을 만들기 위해 협력하면 좋겠어.

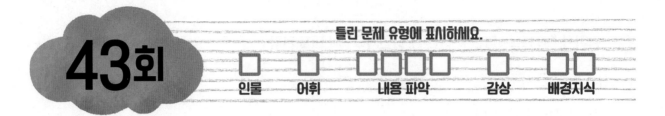

　　이른 아침, 요란하게 대문을 두드리는 소리가 들렸습니다. 젊은이가 급히 뛰어나가 보니 문 앞에 한 남자가 서 있었습니다.

　　"나는 임금님의 명령을 전하러 온 사람이오. 임금님께서 내일까지 궁궐로 오라는 분부를 내리셨소."

　　젊은이는 너무 놀라 얼굴이 하얗게 질려 버렸습니다.

　　"임금님께서 왜 갑자기 저를 찾으시는지요? 저, 저는 잘못한 일이 없는데요."

　　"그건 나도 모르오. 임금님께서 기다리고 계시니 빨리 준비하고 오시오."

　　신하는 퉁명스럽게 대답하고는 궁궐로 돌아갔습니다.

　　젊은이는 가슴이 콩닥콩닥 뛰었습니다. 죄를 지은 적은 없지만, 임금님의 부름을 받고 보니 두려운 마음이 들었습니다. 그래서 도저히 혼자 궁궐로 갈 용기가 나지 않았습니다. 고민 끝에 젊은이는 친구와 함께 가기로 했습니다.

　　'그래, 친구와 같이 가면 마음이 한결 놓일 거야.'

　　젊은이는 친구 세 명을 떠올렸습니다. 첫 번째 친구는 젊은이가 믿고 의지하는, 가장 소중하게 생각하는 친구였습니다. 두 번째 친구는 친하긴 하지만 첫 번째 친구만큼 소중하게 생각하지는 않았습니다. 세 번째 친구와는 친하지도, 소중하게 여기지도 않는 사이였습니다.

　　젊은이는 첫 번째 친구를 찾아가 근심이 가득한 얼굴로 이야기했습니다.

　　"여보게, 임금님께서 나를 궁궐로 오라고 하셨네. 잘못한 일은 없지만 혼자 가려니 겁이 나네. 나와 가 주지 않겠나? 자네가 같이 가 준다면 큰 힘이 될 걸세."

　　그런데 가장 믿고 의지했던 친구의 대답은 뜻밖이었습니다.

　　"미안하지만 함께 가 줄 수 없네. 무슨 일인지도 모르고 자네를 따라갔다가 나까지 봉변을 당할 수도 있지 않은가?"

* 퉁명스럽게: 못마땅하거나 만족스럽지 않아 불쾌하게.

가장 믿었던 친구에게 거절당한 젊은이는 큰 충격에 빠졌습니다.

젊은이는 두 번째 친구를 찾아갔습니다. 그 친구는 부탁을 들어줄 거라고 믿었습니다. 그런데 두 번째 친구도 난감한 표정을 지으며 말했습니다.

"자네와 함께 가 주겠네. 그러나 궁궐의 문 앞까지만 같이 가겠네. 궁궐 안까지 들어가 임금님을 만나는 것은 나도 겁이 나네."

젊은이는 또 깊이 실망했습니다. 친구들이 거절하리라고는 생각지 못했습니다.

결국 별 기대 없이 세 번째 친구를 찾아갔습니다. 사정을 들은 세 번째 친구는 고개를 떨구고 있는 젊은이의 어깨를 토닥이며 다정하게 말했습니다.

"그게 뭐 그리 어려운 부탁이라고 그러나. 내가 같이 가 줄 테니 두려워 말게."

기대도 하지 않았던 세 번째 친구의 대답에 젊은이는 눈이 휘둥그레졌습니다.

"아니, 나는 상을 받을지 벌을 받을지 알지 못하네. 혹여 내가 벌이라도 받으면 어쩌려고 그러나. 그러다가 자네까지 봉변을 당할 수도 있을 텐데."

친구는 껄껄 웃으며 대답했습니다.

"걱정하지 말게. 자네는 착한 사람이니 벌을 받을 리 없네. 만약 임금님이 벌을 주려 하시면 자네는 벌을 받을 만큼 죄를 짓지 않았다고 내가 말씀드리겠네."

젊은이는 몹시 고맙고 미안해하며 친구의 손을 덥석 잡았습니다.

"정말 고맙네, 내가 왜 자네 같은 친구를 몰라보았는지 모르겠네."

"고맙긴 이 사람아, 친구 사이에 당연한 일을 가지고."

세 번째 친구와 젊은이는 서로 꼭 껴안으며 흐뭇한 미소를 지었습니다.

이 이야기에서 임금님의 부름은 '죽음'을 뜻합니다. 그리고 첫 번째 친구는 '재산', 두 번째 친구는 '가족', 세 번째 친구는 '선행'을 의미합니다. 사람들은 재산을 소중히 생각하지만, 죽을 때는 가져갈 수 없습니다. 가족은 무덤까지 따라가 주지만, 그 이후부터는 혼자 가야만 합니다. 선행은 살아 있는 동안에는 눈에 띄게 드러나지 않지만, 죽은 뒤도 언제나 그 사람과 함께 있습니다.

㉠ (   )

* 난감한: 어떤 일을 해내거나 마음을 분명하게 정하기 어려운.
* 선행: 착한 일. ⬌ 악행

1 이 글을 바탕으로 연극을 할 때, 실제로 등장하지 않는 사람은 누구인가요? | 인물 |

① 젊은이   ② 신하   ③ 임금
④ 첫 번째 친구   ⑤ 두 번째 친구

2 '뜻밖에 당하는 나쁜 일'을 뜻하는 낱말을 찾아 쓰세요. | 어휘 |

3 임금에게 부름을 받은 젊은이가 세 친구를 찾아간 까닭은 무엇인가요? | 내용 파악 |

① 친구들에게 자랑하려고.   ② 숨겨달라고 부탁하려고.
③ 자기 대신 가 달라고 부탁하려고.   ④ 혼자 가려니 두려워서.
⑤ 친구에게 잘못을 뒤집어씌우려고.

4 궁궐의 문 앞까지만 가주겠다고 한 사람은 몇 번째 친구인가요? | 내용 파악 |

_____

5 세 친구를 비유한 것을 찾아 바르게 짝지으세요. | 내용 파악 |

| 첫 번째 친구 | • | • | 가족 |

| 두 번째 친구 | • | • | 선행 |

| 세 번째 친구 | • | • | 재산 |

6 이 글에서 사람이 죽은 뒤에도 그 사람과 함께 있는 것은 무엇이라고 했나요? **| 내용 파악 |**

① 친구　　　　　　② 재산　　　　　　③ 가족
④ 선행　　　　　　⑤ 무덤

7 다음 중 이야기를 가장 잘 이해한 사람은 누구인가요? **| 감상 |**

① 현아: 친구가 부탁할 때는 거절하면 안 돼. 그러면 사이가 멀어질 수 있어.
② 소정: 가족은 영원히 나를 지켜 줄 거야. 그러니 누구보다 가족을 소중히 여겨야 해.
③ 민석: 돈은 그다지 중요하지 않아. 그래도 행복을 위해 돈을 벌어야 해.
④ 윤재: 친구를 함부로 따라가면 안 돼. 그러다가 나쁜 일을 당할 수도 있어.
⑤ 정연: 착하게 살아야 해. 선행은 내가 죽은 뒤에도 영원히 남아 있을 거야.

8 아래는 ㉠에 대한 설명입니다. 알맞은 것을 고르세요. **| 배경지식 |**

> 이것은 옛날부터 말로 전해져 오던 유대인(이스라엘 민족)들의 생활, 법률,
> 교훈 등을 묶어 만든 책이다.

① 우화　　　　　　② 탈무드　　　　　③ 구전 동화
④ 성경　　　　　　⑤ 전설

9 다음 중 '선행을 하면 복을 받고, 악행을 하면 벌을 받는다'라는 내용의 이야기를 고르세요.
| 배경지식 |

① 〈토끼와 거북이〉　　② 〈여우와 두루미〉　　③ 〈견우와 직녀〉
④ 〈흥부와 놀부〉　　　⑤ 〈개미와 베짱이〉

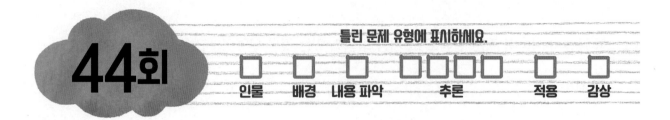

틀린 문제 유형에 표시하세요.

인물　배경　내용 파악　추론　적용　감상

이 글은 영국의 소설가 위다가 쓴 〈플랜더스의 개〉입니다.

[가]와 [다]는 [나]의 앞뒤 내용을 요약한 것이고, [나]는 원래의 글을 우리말로 옮긴 것입니다.

[가]

안트베르펜은 플랜더스의 항구 도시입니다. 안트베르펜에서 조금 떨어진 마을에 넬로와 외할아버지가 함께 살고 있었습니다. 넬로가 어렸을 때 부모가 모두 죽어서, 외할아버지인 예한 다스가 넬로를 맡아 키우며 살고 있었습니다.

넬로와 할아버지는 수레에 우유통을 싣고 안트베르펜으로 가고 있었습니다. 길가에 쓰러진 개 한 마리를 발견한 넬로는, 그 개를 살려 주려고 집으로 데리고 갔습니다.

철물 장수의 수레를 끌던 개였습니다. 하지만 철물 장수는 개에게 음식은 주지 않고 일만 시켰습니다. 더운 날씨에 지칠 대로 지친 개가 자리에 주저앉자, 주인은 꾀를 부린다고 생각하여 발로 차고, 채찍을 휘둘렀습니다. 철물 장수는 겨우 숨만 쉬며 쓰러져 있는 개를 버리고 떠났습니다.

집에 돌아온 넬로는 개를 주물러 주었습니다. 할아버지는 우유와 죽을 개에게 나누어 주고, '파트라셰'라는 이름을 붙여 주었습니다. 부모 없이 혼자 자란 넬로는 파트라셰를 안고 무척 기뻐했습니다.

할아버지는 날이 갈수록 우유 배달을 힘들어하였습니다. 젊었을 때 전쟁에서 다쳐 다리를 절기도 하였고, 이제는 나이도 많아 우유 배달이 힘에 부쳤습니다. 그래서 넬로는 파트라셰와 둘이서 우유 배달을 다녔습니다. 넬로는 파트라셰가 수레를 끌지 않길 바랐지만, 파트라셰가 먼저 수레를 끌고 싶어했습니다.

* 철물: 쇠로 만든 여러 물건.

어느 날, 넬로는 빵집에서 중요한 말을 들었습니다. 안트베르펜의 성당 안에는 루벤스라는 유명 화가가 그린 그림이 있다는 것이었습니다. 넬로는 그 그림을 본 적이 없었습니다. 은화를 내야만 볼 수 있기 때문입니다. 그날 이후로 루벤스의 그림을 보고 싶어 제대로 잠을 이룰 수 없었습니다. 그뿐 아니라 화가가 되고 싶었지만 가난 때문에 그러기 힘들다는 것도 넬로를 슬프게 했습니다.

넬로네 마을 언덕 위에는 빨간 풍차가 있었습니다. 그 풍차의 주인은 부자 코제츠였습니다. 코제츠에게는 알루아즈라는 딸이 있었는데 알루아즈는 넬로, 파트라셰와 함께 노는 것을 좋아했습니다. 그림을 잘 그리는 넬로가 자신을 그려 주는 것도 좋아했고, 파트라셰와 뛰어놀거나 성당에서 만나는 것도 즐겼습니다. 하지만 코제츠는 딸이 가난한 넬로와 어울리는 것을 못마땅하게 여겼습니다. 넬로는 루벤스처럼 유명한 화가가 되어 사람들이 자신을 깔보지 못하게 하고 싶었습니다.

넬로는 누구한테도 배운 적은 없었지만 화가가 되려는 마음이 컸습니다. 또 실력도 좋았습니다. 넬로는 소년 미술 대회가 있다는 소식을 들었습니다. 그 대회에서 1등이 되면 상금으로 큰돈을 받을 수 있다는 것도 알게 되어 열심히 연습했습니다. 돈이 없어 널빤지에 목탄(그림 그리는 데에 쓰이는 숯)으로 그린 것이 전부였지만, 자신이 가장 잘 그린 그림을 대회에 내고 발표일을 손꼽아 기다렸습니다.

어느 날 밤, 풍차 방앗간에 불이 났습니다. 코제츠는 넬로를 의심했습니다. 평소에 자신에게 나쁜 마음을 품은 사람이 넬로밖에 없다고 생각했기 때문입니다. 코제츠는, 넬로에게서 우유를 사지 말라고 동네 사람들에게 말했습니다. 넬로는 일이 점점 없어져 돈을 벌기가 어려워졌습니다. 알루아즈는 아버지에게 넬로를 방해하지 말라고 부탁했지만 코제츠의 고집을 꺾을 수는 없었습니다.

넬로는 다른 일을 더 해야만 했습니다. 그래서 일자리를 구하기 위해 시내를 돌아다녔지만 사람들은 고아라는 핑계를 대며 일을 주지 않았습니다.

그러다가 우연히 그림을 그리고 있는 화가를 만났습니다. 넬로는 화가가 그리는 그림을 한참 바라보았습니다. 화가는 그런 넬로를 보고 쓰다 남은 물감과 붓을 주었습니다. 넬로는 세상을 다 가진 것처럼 기뻤습니다.

넬로가 집에 도착하니 파트라셰가 갑자기 할아버지 쪽으로 소매를 물어 당겼습니다. 할아버지는 안색이 매우 나빠 보였습니다. 결국 할아버지는 미술 대회 결과 발표일을 며칠 앞두고 숨을 거두었습니다.

그동안 모은 돈과 이웃들의 도움으로 할아버지의 장례식을 마치고 나자, 넬로의 손에는 돈이 한 푼도 남지 않았습니다. 집세를 낼 돈도 없어서 집주인에게 수레까지 빼앗긴 채 넬로는 쫓겨났습니다.

드디어 미술 대회 결과를 발표하는 날이 되었습니다. 넬로는 결과를 들으러 파트라셰와 함께 시내로 향했습니다. 하지만 일등은 넬로의 몫이 아니었습니다. 넬로는 실망하여 파트라셰를 끌어안고 엉엉 울었습니다.

잠시 뒤, 넬로와 함께 걷던 파트라셰가 갑자기 눈을 파헤쳤습니다. 그곳에는 엄청난 돈이 들어 있는 코제츠의 지갑이 있었습니다. 넬로는 바로 알루아즈네 집으로 향했습니다. 알루아즈의 어머니에게 지갑을 건네주고 파트라셰를 맡겼습니다. 하지만 ㉠파트라셰는 음식은 먹지 않고 밖으로 나가려고만 했습니다.

코제츠가 집으로 돌아와 잃어버린 지갑을 받고는, 넬로를 무시했던 과거를 반성하고 넬로와 같이 살 계획을 세웠습니다.

마을 사람들은 크리스마스 파티를 즐기기 위해 코제츠네 집으로 모였습니다. 사람들이 들어오면서 문이 열린 틈을 놓치지 않고 파트라셰가 밖으로 뛰쳐나왔습니다. 그리고는 넬로의 냄새를 따라갔습니다.

넬로는 추위를 피하려고 성당으로 들어갔습니다. 마지막으로 루벤스의 그림을 보고 싶어서 그림의 덮개를 벗겼지만 성당 안이 너무 깜깜해서 그림은 보이지 않았습니다.

[나]

넬로는 그 자리에 푹 쓰러졌습니다. 그때 파트라셰가 성당으로 들어왔습니다.

"파트라셰! ㉡다시는 못 만날 줄 알았는데……. 다시는 헤어지지 말자."

넬로가 파트라셰를 끌어안고 미소를 지었습니다. 파트라셰는 행복한 표정으로 눈을 감았습니다. 넬로를 찾아오느라 지쳤기 때문이었습니다.

"㉢파트라셰, 하늘나라에 가면 할아버지도 다시 만나게 될 거야. 좋지?"

그때였습니다. ⓔ 펑펑 쏟아지던 눈이 그치고 성당 안으로 달빛이 들어왔습니다.

그렇게도 보고 싶었던 루벤스의 그림이 넬로의 눈에 들어왔습니다.

'내가 상상했던 그대로야.'

넬로는 한참 바라보았습니다. ⓜ 이제 죽어도 한이 없겠다는 생각이 들었습니다.

어느새 구름이 몰려와 성당 안은 다시 깜깜해졌습니다.

[다]

다음 날 아침, 성당에 들어온 신부는 깜짝 놀랐습니다. 남자아이와 개 한 마리가 끌어안은 채 쓰러져 있었기 때문이었습니다. 그 소식을 듣고 달려온 알루아즈는 넬로를 안고 엉엉 울었습니다.

또 넬로가 안트베르펜에서 만났던 화가는 미술 대회에 낸 넬로의 그림을 보고 깜짝 놀라 넬로를 찾아 성당에 왔습니다. 하지만 넬로를 만날 수는 없었습니다.

"저는 이 소년을 애타게 찾고 있었어요. 이 소년은 천재 화가예요. ⓗ [   ]."

1 이 글의 등장인물에 대해 설명한 것으로 바르지 <u>않은</u> 것을 찾으세요. | 인물 |

① 넬로: 부모가 일찍 죽어, 외할아버지와 함께 가난하게 산다.

② 예한: 넬로의 외할아버지로, 건강이 좋지 않아 우유 배달을 힘겨워한다.

③ 파트라셰: 넬로와 함께 사는 개로, 부잣집에서 도망 나와 넬로의 집에서 산다.

④ 알루아즈: 넬로의 친구지만 아버지의 반대로 넬로와 만나기 어려워진다.

⑤ 코제츠: 풍차 방앗간의 주인. 넬로가 방앗간에 불을 질렀다고 오해한다.

2 이 글에 등장하지 않는 장소는 어디인가요? | 배경 |

① 넬로네 집   ② 넬로가 다니는 학교

③ 풍차 방앗간   ④ 빵집

⑤ 성당

3 다음 중 이 글의 내용과 같은 것을 찾으세요. | 내용 파악 |

① 넬로의 부모는 둘 다 넬로가 태어나기 전에 죽었다.

② 넬로는 할아버지가 키우는 소의 젖을 짜서 내다 팔았다.

③ 넬로는 풍차 방앗간에 불을 질렀다.

④ 넬로네 집의 주인은 넬로를 가엽게 여겨 공짜로 살 수 있게 해 주었다.

⑤ 넬로는 미술 대회에서 일등이 되지 못했다.

4 이 글의 등장인물 가운데 성격이 바뀌는 사람을 찾으세요. | 추론 |

① 넬로   ② 예한   ③ 알루아즈

④ 코제츠   ⑤ 화가

5 ㉠의 까닭을 찾으세요. | 추론 |

① 넬로와 함께 있고 싶어서.

② 음식이 입에 맞지 않아서.

③ 밖에서 산책을 하고 싶어서.

④ 알루아즈네 집이 낯설어서.

⑤ 코제츠를 무서워해서.

6 ㉡~㉤에서, 넬로의 죽음을 간접적으로 알려 주는 부분이 <u>아닌</u> 것을 찾으세요. | 추론 |

① 다시는 못 만날 줄 알았는데…….

② 파트라셰, 하늘나라에 가면 할아버지도 다시 만나게 될 거야.

③ 펑펑 쏟아지던 눈이 그치고 성당 안으로 달빛이 들어왔습니다.

④ 이제 죽어도 한이 없겠다는 생각이 들었습니다.

7 ⓗ에 가장 알맞은 말을 찾으세요. │추론│

① 그래서 내가 돌보며 그림을 가르쳐 주려고 했는데…….

② 그래서 내가 성당의 그림을 보여 주려고 했는데…….

③ 그래서 내가 넬로에게서 우유를 사려고 했는데…….

④ 그래서 내가 넬로에게 물감과 붓을 팔려고 했는데…….

⑤ 그래서 색칠도 하지 않고 목탄으로만 그린 넬로를 꾸짖으려고 했는데…….

8 코제츠는 알루아즈를 넬로와 못 놀게 하였습니다. 이 사건과 다음 기사의 공통된 갈등 원인을 찾으세요. │적용│

> ㄱ아파트에서는 1단지 주민들이 철조망을 쳐서 2단지 주민들의 접근을 막 았다. 1단지는 집이 넓고 비싸 소득이 높은 사람들이 주로 산다. 2단지는 국 가에서 빌려준 아파트로, 주로 소득이 낮은 사람들이 살고 있다.

① 다른 동네 사람이다.　　　　② 개를 키운다.

③ 상대방이 가난하다.　　　　④ 무섭다.

⑤ 불을 지를 것 같다.

9 이 글을 읽고 나눈 대화입니다. 가장 거리가 먼 얘기를 한 사람을 찾으세요. │감상│

① 진영: 개에게 음식도 안 주고 일만 시키다니. 철물 장수는 너무 못됐어.

② 성훈: 넬로도 마찬가지야. 개에게 우유 수레를 끌게 하다니. 넬로는 너무해.

③ 정민: 돈이 없어서 널빤지에 그림을 그리는 넬로의 모습을 보며 마음 아팠어.

④ 유리: 어려운 상황에서도 돈을 벌며 꿈을 잃지 않은 넬로가 대단해 보여.

⑤ 윤정: 불을 질렀다고 어린아이를 의심하고 돈을 못 벌게 하다니 코제츠가 얄미워.

틀린 문제 유형에 표시하세요.

□ □□□ □□ □□□□ □
제목   내용 파악   어휘   추론   감상

1

나는 찬호가 만든 아주 작은 꼬마 눈사람입니다.

"어쩜! 이렇게 잘 만들었을까?"

"눈사람 인형 같군."

유치원 선생님도 찬호 어머니도 이웃집 아주머니도 모두 찬호의 솜씨를 칭찬해 주었습니다.

"엄마, 이 눈사람을 여름에도 가지고 놀 수 있을까요?"

"호호호. 눈사람은 날씨가 따뜻해지면 살 수 없어요."

어머니께서 찬호의 콧잔등을 손가락으로 톡 건드리며 대답하셨습니다.

2

"저기 넣어 두면 안 될까요?"

한참을 생각하던 찬호가 냉장고를 가리켰습니다.

"오라! 그러면 되겠구나."

그날부터 나는 냉장고의 냉동실 안에 살게 되었습니다. ㉠ 나는 속으로 찬호에게 얼마나 고마워했는지 모릅니다. 다른 눈사람들이 다 녹아 없어진 봄을 지나 여름까지 남아 있는 눈사람으로는 아마 내가 세계에서 처음일 테니까요.

3

눈이 다 사라진 봄이 되자, 가끔 찬호의 친구들이 잔뜩 몰려와 나를 구경하기도 하였습니다.

"야! 정말이구나, 진짜 눈사람이 아직도 있구나."

아이들은 찬호가 꺼내어 자랑하는 나를 보며 한 번씩 만져 보기도 했습니다.

"넌 여름이 얼마나 더운지 모를 거야."

찬호는 나에게 여름을 구경시켜 주려고 나를 꺼내 창문 밖으로 내밀었습니다. 그때 나는 얼마나 혼이 났는지 모릅니다. 숨이 콱 막히고 내 몸이 줄줄 녹아 없어지는 기분이었습니다.

"봐, 덥지? 이젠 갑갑하더라도 겨울이 올 때까지 이 안에 앉아 있어."

찬호는 나를 냉동실 안에 ⓒ 도로 넣으며 말했습니다. 그러나 캄캄한 냉동실 안에서 혼자 ⓒ 오도카니 앉아 있기란 정말 힘든 일이었습니다. 가끔 생선이나 아이스크림 등이 들어오기도 했지만 금방 나가 버리곤 했습니다.

"아아, 갑갑해."

나는 움직일 수만 있다면 밖으로 뛰쳐나가고 싶었습니다.

4

그러던 어느 날 밤이었습니다.

"이거 야단났네, 얼려 둔 얼음이 없으니 어떡하지?"

찬호 어머니께서 냉동실 문을 열고 살펴보더니 ⓔ 발을 동동 굴렀습니다.

"옆집에서 얻어 올 수 없을까?"

"이런 밤중에 어떻게 사람을 깨워요."

"참! 찬호가 만들어 둔 눈사람이 있지 않소?"

"그건 안 돼요. 찬호가 얼마나 아끼는데."

찬호 어머니께서 손을 내저었습니다.

5

"눈사람도 찬호를 위해서라면 기꺼이 희생할 거요. 그렇지 꼬마 눈사람아?"

찬호 아버지께서 나를 꺼내며 속삭였습니다.

나는 깨끗한 수건에 싸여 찬호의 뜨거운 이마 위에 얹혔습니다.

나는 그제야 모든 걸 알았습니다. 찬호가 갑자기 열이 많이 나 우선 열을 내릴 수 있는 얼음이 필요했던 것입니다. 그 일을 내가 대신하게 된 것입니다.

나는 찬호의 뜨거운 이마를 식히며 주르륵 녹아내렸습니다. 정신이 가물가물했습니다.

"ⓜ 찬호야, 그동안 고마웠어. 너를 위해 녹게 되어서 다행이야."

나는 찬호의 이마 위에서 점점 작아지고 있었습니다. 찬호가 열이 떨어지고 다 나으면 나를 찾겠지요. 나는 찬호의 꿈속으로 들어가 마지막 인사를 했습니다.

"찬호야, 하늘에 꼬마 눈사람 모양의 구름이 떠가거든 그게 나인 줄 알아."

찬호가 빙그레 웃었습니다. 나는 ⓑ 안심이 되어 마지막 한 점마저 녹아 사라졌습니다.

(박성배)

1 빈칸에 알맞은 낱말을 넣어 이 글의 제목을 지어 보세요. | 제목 |

까지 산 꼬마 눈사람

2 다음 중 찬호의 나이를 짐작할 수 있는 말을 찾으세요. | 추론 |

① 꼬마 눈사람   ② 유치원 선생님
③ 이웃집 아주머니   ④ 찬호의 친구들
⑤ 찬호의 어머니

3 꼬마 눈사람은 어떻게 여름까지 남아 있을 수 있었나요? | 내용 파악 |

① 봄에도 날씨가 추워서.
② 찬호가 창문 밖에 내다 놓아서.
③ 냉장고 냉동실에 넣어 두어서.
④ 찬호가 사랑으로 지켜 주어서.
⑤ 찬호 친구들이 한 번씩 만져 주어서.

4 ⊙의 까닭을 찾으세요. | 내용 파악 |

① 녹지 않고 계속 살 수 있게 해 주어서.

② 눈사람으로 만들어 주어서.

③ 찬호의 친구들을 소개해 주어서.

④ 냉장고를 구경시켜 주어서.

⑤ 생선과 아이스크림 같은 친구들을 옆에 넣어 주어서.

5 꼬마 눈사람은 왜 사라졌나요? | 내용 파악 |

① 봄이 되어 날씨가 따뜻해져서.

② 찬호 친구들이 자꾸 만져서.

③ 찬호가 여름 구경을 시켜 주려고 창문 밖에 내밀어서.

④ 찬호가 눈사람을 냉장실에 넣어 두어서.

⑤ 찬호의 뜨거운 이마를 식혀 주어서.

6 ⓛ과 바꾸어 쓸 수 있는 낱말을 찾으세요. | 어휘 |

① 살짝   ② 깊숙이   ③ 다시

④ 몰래   ⑤ 천천히

7 ⓒ의 올바른 뜻을 찾으세요. | 어휘 |

① 깜짝 놀라 쓰러지는 모양.

② 고개를 떨구고 땅을 보는 모양.

③ 하는 일 없이 빈둥빈둥 노는 모양.

④ 가만히 한자리에 서 있거나 앉아 있는 모양.

⑤ 등을 구부리고 앉아 있는 모양.

8 ㉣에서 느낄 수 있는 찬호 어머니의 마음은 무엇일까요? | 추론 |

① 얼음이 필요한데 없어서 마음이 급하다.

② 빨리 화장실에 가고 싶다.

③ 얼음을 미리 얼려 놓지 않은 남편에게 화가 난다.

④ 얼음을 미리 얼려 놓지 않은 것을 후회한다.

⑤ 현재 상황이 어이없다.

9 ㉤에 나타난 꼬마 눈사람의 성격으로 가장 알맞은 것을 찾으세요. | 추론 |

① 부정적이다   ② 희생적이다   ③ 이기적이다

④ 부지런하다   ⑤ 명랑하다

10 ㉥에서, 꼬마 눈사람은 왜 안심이 되었을까요? | 추론 |

① 겨울이 오면 눈사람을 다시 만들 것 같아서.

② 자신이 잘 녹는 것 같아서.

③ 찬호의 웃는 모습을 보니 열이 떨어지는 것 같아서.

④ 여름까지 남은 눈사람은 자기뿐이라는 사실을 알아서.

⑤ 곧 겨울이 올 것 같아서.

11 이 글을 제대로 이해하지 <u>못한</u> 사람은 누구인가요? | 감상 |

① 민경: 찬호를 위해 녹은 눈사람의 마음이 따뜻하게 느껴져.

② 슬기: 내가 아플 때 간호해 주시던 어머니가 생각나서 마음이 찡했어.

③ 현민: 찬호가 웃는 부분을 읽으니 금방 나을 것 같아서 다행이야.

④ 지연: 여름에 얼음이 필요할 때를 생각해 냉장고에 눈을 넣어 둬야겠어.

⑤ 미주: 나도 눈사람처럼 친구를 위해서 나를 희생할 수 있는 마음을 지니고 싶어.

완전개정판

초등국어
3단계

독해력은 모든 학습의 기초!

독해력 비타민

정답과 해설

1. 등대
2. ⑤
3. ④
4. ③

4. ③ 등대의 역할을 생각하여 짐작해 본다.

1. ①
2. ⑤
3. ④
4. ②
5. 식물, 장수하늘소, 독도
6. 노거수
7. ③

2. ⑤ 이 글은 '설명하는 글'이다. 즉 천연기념물에 대한 정보를 제공하지, '천연기념물을 보호하자'라는 주장은 하고 있지 않다.

7. 딱정벌레 종류는, 온몸이 단단한 껍데기로 싸여 있고 앞날개가 단단한 것이 특징이다.

1. 팥죽
2. ④
3. ④
4. 낮, 팥죽, 새알심
5. 절기
6. 하지
7. ③
8. ⑤

2. ③ 제시문에 실리지 않은 내용이다.

7. ③ 해를 기준으로 특별한 날을 정했다는 것은, 해를 중요하게 생각했다는 증거다.

8. ⑤ 추석은 곡식과 과일 등 한 해 농사의 수확을 감사히 여기는 명절이다. 아침에는 조상에게 차례를 지내고 성묘를 한다. 밤에는 달을 보며 강강술래를 즐기고, 송편을 빚어 먹는다. 이 외에도 씨름, 줄다리기 등 민속놀이를 한다.

4회 소금 18~20쪽

1. 소금
2. ① ×, ② ○, ③ ×, ④ ×, ⑤ ○
3. ①
4. 자염
5. ④
6. ②

2. ⑤ 우리나라에서 가장 많이 만드는 소금은 천일염이다. 천일염은 바닷물을 햇볕으로 말린 소금이다.

6. 천일염을 만들기 위해서는 바람과 햇볕이 필요하다. 따라서 바람이 잘 불고 햇볕이 잘 내리쬐는 곳에 염전을 만드는 것이 좋다. 비가 많이 내리는 곳은 바닷물이 증발되지 않아 적합하지 않다.

5회 옷감 21~23쪽

1. ①
2. 천연 섬유, 면, 마, 모, 명주
3. ① ×, ② ×, ③ ○, ④ ○
4. (1) 공기가 잘 통한다.
   (2) 땀을 잘 흡수한다.
5. 누에고치, 누에, 번데기
6. ⑤

6. ⑤ 문익점은 고려 시대의 인물로, 중국 원나라에 갔다가 목화씨를 붓대에 넣어 들어와 우리나라에 처음으로 목화를 번식시켰다.
① 이성계: 조선의 제1대 왕 태조의 이름. 고려 말기의 신하였으나 반란을 일으켜 조선을 세웠다.

② 이순신: 조선 시대의 장군. 거북선을 만들어 임진왜란 때 일본군을 무찌르는 공을 세웠다.
③ 정약용: 조선 시대의 학자. 유학의 한 부류인 실학의 체계를 이루어 발전시켰다.
④ 문익환: 대한민국의 목사이자 통일운동가. 우리나라의 민주운동과 통일운동의 지도자였다.

6회 자연을 본뜬 발명품 24~26쪽

1. 자연
2. ④
3. ① ○, ② ○, ③ ×, ④ ×
4.
(1)
(2)
(3)
(4)
5. ③

2. ④ 해전: 바다에서 벌이는 싸움.

7회 직업의 변화 27~29쪽

1. ⑤
2. ②
3. ⑤
4. ③
5. [라]

4. ① 사람 팔자 시간문제: 사람의 팔자(운수)는 순식
간에 달라질 수도 있으므로 앞날이 어떻게 될지 알
수 없음을 이르는 말.

② 백지장도 맞들면 낫다: 쉬운 일이라도 협력하면
훨씬 쉽다는 말.

④ 바늘 도둑이 소도둑 된다: 자그마한 나쁜 일도
자꾸 해서 버릇이 되면 나중에는 큰 죄를 저지르게
된다는 말.

⑤ 세 살 적 버릇이 여든까지 간다: 어릴 때 몸에 밴
버릇은 늙어 죽을 때까지 고치기 힘들다는 뜻으로,
어릴 때부터 나쁜 버릇이 들지 않도록 잘 가르쳐야
함을 비유적으로 이르는 말.

5. 주어진 글은 '현대에 새로 생긴 직업'이라는 내용을
담고 있다. 이 내용을 담은 것은 제시문의 [라]다.

8회 개 30~32쪽

1. ①
2. ③
3. ④
4. ⑤

1. 설명문은 보통 '처음-가운데-끝'으로 이루어져 있
다.

① [가]는 글의 처음 부분이다. [나] ~ [마]는 글의
가운데, [바]는 끝이다. 가운데 부분은 개의 특징을
담고 있다. [나]는 개의 종류가 다양함, [다]는 개의
뛰어난 청각, [라]는 개의 뛰어난 후각, [마]는 영리
하고 충성스러움을 나타내었다.

4. ⑤ 이 이야기는 '오수의 개'라는 전설이다. 주인을
살리려고 자신을 희생한, 충성스럽고 영리한 개 이
야기다. 따라서 개의 영리함과 충성스러움을 나타
낸 [마] 부분과 어울린다.

9회 사막 33~35쪽

1. ④
2. ① 사하라 사막, ② 고비 사막, ③ 툰드라 사막
3. ②
4. ⑤
5. 오아시스
6. 낙타
7. ⑤

7. 바오바브나무: 아프리카에 사는 나무로, 꽃은 흰색
이고 열매는 단단하며 잔털이 덮여 있다. 높이 20
미터, 둘레 10미터 정도의 큰 나무다.

10회 고체, 액체, 기체   36~38쪽

1. ④
2. ① 기체, ② 고체, ③ 액체
3. ① ×, ② ○, ③ ○, ④ ×
4. 세면대
5. 필통, 연필, 지우개, 공책, 책상, 의자, 시계, 신발, 공 등
6. ① 초콜릿, 가방
   ② 바닷물, 우유
   ③ 수증기, 방귀

2. 기체와 액체는 특성이 비슷하다. 하지만 기체는 그릇을 가득 채운다는 점, 액체는 높은 곳에서 낮은 곳으로 흘러내린다는 점이 다르다.

5. 고체의 특징을 지닌 물건을 쓴다.

11회 석빙고   39~41쪽

1. ⑤
2. ⑤
3. ④
4. 바람, 경사지게, 진흙, 화강암, 잔디, 태양열
5. 얼음, 돌, 공기

2. ⑤ '石 돌 (석), 氷 얼음 (빙), 庫 창고 (고)'다. 즉 '돌로 지은 얼음 창고'라는 뜻이다.

12회 옛날과 오늘날의 의사소통 수단   42~44쪽

1. 의사소통
2. ④
3. 적이 쳐들어왔다.
4. ④
5. ① 봉수, ② 마패, ③ 기발, ④ 보발
6. 파발꾼
7. ②

13회 지구 자기장   45~47쪽

1. ① ○, ② ○, ③ ×, ④ ×
2. ③
3. ⑤
4. ①
5. ②

1. ③ 지구의 실제 남북은 진남, 진북이다.
  ④ 오로라는 북극뿐 아니라, 남극 주변에서도 볼 수 있다.

14회 우리나라의 성   48~50쪽

1. 성
2. ⑤
3. 도성, 산성, 장성, 낙안 읍성, 해미 읍성, 남한산성, 천리장성
4. 천리장성
5. ① 흥인지문, ② 숭례문
6. ②

2. ⑤ 웅장함: 풍성하고 큼.

5. 사대문 가운데 돈의문(서대문)은 일제 강점기에 헐려 지금은 남아 있지 않다.

6. ② 도성 안에는 왕실 건물과 함께 백성들이 사는 집이 있었다.

15회 천체 51~53쪽

1. ③
2. 유성우
3. ④
4. ⑤
5. ③
6. ①

3. ④ 간판이나 조명 등의 불빛 때문에 기상 관측에 방해가 되는 일을 '광해'라고 한다. 작은 도시나 시골보다 대도시에서 광해가 크게 나타난다.

5. ② 핼리혜성: 태양 주위를 길쭉한 궤도로 도는 혜성(가스 형태의 긴 꼬리를 끌고 운행하는 천체).
④ 명왕성: 1930년대에 발견된 천체. 발견 당시에는 태양계의 아홉째 행성으로 분류됐으나 2006년에 그 자격을 잃었다.
⑤ 안드로메다 은하: 지구에서 약 200만 광년(빛의 속도로 1년 동안 나아가는 거리) 떨어진 곳에 있는 은하.

16회 기상청과 일기 예보 54~57쪽

1. 일기 예보
2. ②
3. (1) 날씨, (2) 기후
4. ① ○, ② ×, ③ ×, ④ ○
5. ④
6. 기상, 일기도, 일기 예보, 일기 예보
7. ③
8.

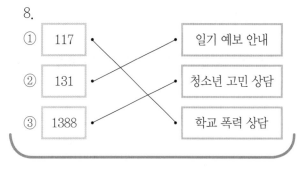

2. ② 습도: 공기 중에 수증기가 들어 있는 정도.

17회 반딧불이 58~61쪽

1. 반딧불이
2. ① ○, ② ×, ③ ○, ④ ×, ⑤ ×, ⑥ ○
3. 개똥벌레
4. ③
5. ④
6. ②
7. 고치
8. ③
9. ⑤

6. '螢 반딧불이 (형), 雪 눈 (설), 之 의 (지), 功 공 (공)'
'반딧불이와 눈빛으로 이룬 공'이라는 뜻으로, 가난 속에서도 반딧불이와 눈빛으로 글을 읽으며 이룬 공을 일컫는 말.

18회 문화재를 잘 보존하자 62~63쪽

1. ①
2. (1) 문화재는 우리 겨레의 정신이 담긴
   유물이다.
   (2) 우리 겨레 모두가 보고 배울 수 있는 역사
   자료다.
3. (1) 문화재를 훼손하지 않는다.
   (2) 쓰레기를 문화재나 그 근처에 버리지
   않는다.
   (3) 관람 규칙을 잘 지켜야 한다.
   (4) 우리 문화재에 관심을 쏟고 알아본다.
4. ④

2. 글의 서론에 담겨 있다. '따라서'는 앞에서 말한 일
   이 뒤에서 말할 일의 원인, 이유, 근거가 됨을 나타
   내는 말이다.

19회 밖에서 뛰어놀자 64~66쪽

1. ⑤
2. 친구들과 사이가 좋아진다.
   스트레스를 푸는 데에 도움이 된다.
3. ④
4. 면역력
5. ②
6. ⑤

20회 부모님께 효도하자 67~69쪽

1. 효도
2. ①
3. 부모님의 은혜를 생각하며 정성껏 모시는 일.
4. 부모님께 효도하자.
   말과 행동을 공손히 한다.
   부모님의 마음을 편안하게 해 드린다.
5.
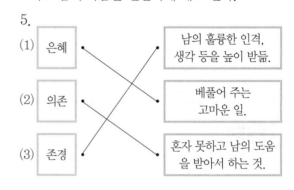

(1) 은혜		남의 훌륭한 인격, 생각 등을 높이 받듦.
(2) 의존		베풀어 주는 고마운 일.
(3) 존경		혼자 못하고 남의 도움을 받아서 하는 것.

6. ④
7. 5월 8일 어버이날

6. ①, ②, ③, ⑤는 다음과 같이 제시문에 실린 내용
   이다.
   ①, ⑤ 자기 일은 스스로 한다.
   ② 부모님께 말과 행동을 공손히 한다.
   ③ 부모님의 마음을 편안하게 해 드린다.

21회 물을 마시자 70~72쪽

1. ③
2. ①
3. ① ○, ② ○, ③ ×, ④ ×, ⑤ ○
4. ③
5. 갈증
6. ②
7. 70, 영양분, 땀, 설탕

4. 주어진 글은 '영양분을 옮기는 물'이라는 내용을 담고 있다. 이 내용은 글 [다]에 나타나 있다.

7. 숫자는 한 칸에 두 자씩 쓴다. 따라서 '70'도 한 칸에 모두 써야 한다.

22회 올바른 태도로 대화하자 73~75쪽

1. ⑤
2. ③
3. ① 긍정, ② 불쾌
4. ③
5. ⑤
6. ④
7. ③
8. ④

2. ③ 말끝: 말의 맨 뒷부분.

8. ① 자기가 남에게 말이나 행동을 좋게 하여야 남도 자기에게 좋게 한다는 말.
② 늘 말하던 것이 마침내 사실대로 되었을 때를 이르는 말.
③ 다른 사람에 관한 이야기를 하는데 우연히 그 사람이 나타나는 경우를 이르는 말.
⑤ 아무도 안 듣는 데에서라도 말조심해야 한다는 말.

1. ③
2. ②
3. ①
4. 편견
5. ③
6. ②
7. ①
8. ②

2. 이 글의 종류는 글쓴이의 생각을 나타낸 글이다. 이런 글은 보통 서론, 본론, 결론으로 구성되어 있다. 이 글의 서론에서는 문화가 지역마다 다르다는 점을 밝히고 있다. 본론은 서론의 예를 보여 주고 있다. 두 번째 문단은 식생활, 세 번째 문단은 인사 방법, 네 번째 문단은 용을 바라보는 시각을 담고 있다. 결론에서는 위의 내용을 정리하여 문화의 다양성을 존중하자고 주장하고 있다.

6. ② 동양 사람들은 국수를 먹을 때 주로 젓가락을 사용한다. 하지만 서양 사람들은 젓가락 대신 포크를 사용해 식사한다.

8. ① 에스키모의 집. 얼음과 눈덩이로 둥글게 만든다.
   ③ 소말리아 유목민의 이동식 집. 나무로 뼈대를 세우고 그 위에 풀로 짠 매트나 가죽을 덮는다.
   ⑤ 물 위에 지은 집.

1. ③
2. ⑤
3. 자신과 주변의 모든 생명을 소중하게 여기는 일.
4. [라]
5. ⑤

4. 주어진 글은 슈바이처의 어린 시절이다. 슈바이처가 동물의 생명을 존중해야 한다고 깨닫는 부분으로, 이것은 글 [라]와 관련이 깊다.

5. 세속: 사람이 살고 있는 세계.
   오계: 다섯 가지 규칙.

1. (1) 고문, (2) 번역
2. ②
3. ④
4. ④
5. ③
6. 색동회
7. ③
8. ④
9. ⑤

2. ① 상투머리, ③ 단발머리, ④ 쪽머리

7. ① 통신사: 조선 시대에, 일본으로 보내던 신하.
② 절도사: 조선 시대에, 각 지방의 군대를 지휘하던 벼슬. 병마절도사(병사와 말을 관리하던 벼슬)와 수군절도사(바다를 지키던 군대를 관리하던 벼슬)가 있었다.
④ 조선 구락부: 1921년 서울에서 일본인과 한국인이 만든 친일 단체.
⑤ 조선 물산 장려회: 1920년대에 국산품을 사도록 장려하여 경제 자립 정신을 키우려 했던 민족 운동 단체.

8. 글 [라]를 통해 짐작해 볼 수 있다.

1. ④
2. 가봉
3. ⑤
4. 제1차 세계 대전
5. ②
6. 마법사
7. ①
8. ①
9. ③
10. ⑤
11. ①
12. ⑤

5. ② 슈바이처의 부인은 슈바이처가 아프리카에서 의료 봉사하겠다는 뜻을 따르려고 간호사가 되었다.

7. ② 풍금: 페달을 밟아서 바람을 넣어 소리를 내는 건반 악기.
③ 아코디언: 주름상자를 늘이고 줄이며 건반을 눌러 연주하는 악기.
④ 실로폰: 길이가 다른 나무토막을 채 두 개로 두드려 연주하는 악기.

10. ⑤ 호주는 오세아니아 대륙에 속한다. 오세아니아 대륙에 있는 나라로는 호주, 뉴질랜드, 미크로네시아 등이 있다.

11. ③ 퓰리처상: 미국의 언론인 퓰리처가 남긴 재산으로 만든 언론·문학상.
④ 막사이사이상: 필리핀의 대통령이었던 막사이사이의 업적을 기념하기 위해 만든 상.

27회 엄마야 누나야 94~95쪽

1. ⑤
2. ②
3. ③
4. ①
5. ④
6. ⑤

1. 복잡하고 혼란스러운 현실을 벗어나 고요하고 따뜻하며 평화로운 곳에서 살고 싶어하는 모습이 담긴 시다.

2. ② '누나'라는 낱말을 통해 말하는 이가 남자임을 알 수 있다.

5. ④ '금모래 빛'이라는 표현을 통해 알 수 있다.

28회 고드름 96~97쪽

1. ④
2. 문안
3. 발
4. ⑤
5. ③

1. ④ '고드름'이라는 시어와 마지막 행 '손 시려 발 시려 감기 드실라.'를 보고 짐작할 수 있다.

4. ⑤ 3연에서, 말하는 이는 각시가 감기에 걸릴까 걱정하고 있다.
③ 2연에서, 해님과 달님을 사람처럼 표현(의인법)하였다.

5. ③ 각시의 방에 고드름으로 만든 발을 달아 놓는 행동(1연)과 각시가 감기에 걸릴까 걱정하는 모습(3연)을 통해, 말하는 이가 각시를 좋아하고 있음을 짐작할 수 있다.

29회 엄마 손 98~99쪽

1. ②
2. ⑤
3. ①
4. 살근살근
5. ④

3. 'ㅇㅇ은 △△(이다)'와 같은 표현법을 '은유법'이라고 한다. 은유법은 두 사물의 공통점으로 말하는 이가 나타내려고 하는 바를 간접적으로 나타내는 방법이다.

30회 창구멍 100~101쪽

1. ㉠ 놓은, ㉡ 내리는
2. ④
3. ④
4. ⑤
5. ⑤

1 ㉠ '놓은'의 ㅎ받침은 줄여 쓰지 않는다. 하지만 '놓아, 놓았다' 등은 '놔', '놨다' 처럼 줄여 쓸 수 있다.
㉡ '나리다'는 '내리다'와 같은 뜻의 비표준어다.

2. '눈', '찬바람'을 통해 이 시의 계절을 생각해 볼 수 있다.

3. '나무 팔러 간'을 통해 ㉢ 아빠의 직업이 '나무꾼'임을 짐작할 수 있다.

4. ⑤ 1연은 새벽, 2연은 저녁의 일을 이야기하고 있다.
② '아롱아롱', '살랑살랑'과 같은 흉내 내는 말을 사용해, 자칫 어두워질 수 있는 분위기를 밝게 해 주고 있다.
③ 각 행의 글자 수가 반복되어 리듬감을 느낄 수 있다.
④ 이 시는 각 행이 '4글자 / 3글자 / 5글자'로 이루어져 있다.
⑩ 바람 부는 / 새벽에 / 장터 가시는
'뚫어 놓은'을 3글자를 맞추려고 '뚫어 논'으로 줄여 썼다.

31회 풍당새 102~103쪽

1. 이삭
2. ②
3. 5
4. ⑤
5. 풍당새, 풍년, 부모, 형제

2. ③ 금년: 지금 지나가고 있는 해.
④ 명년: 올해의 다음 해.
⑤ 평년: 풍년도 흉년도 아닌, 보통 수확을 올린 해.

4. ⑤ 풍당새가 우리나라에 언제 오는지 이 시를 통해서는 알 수 없다.

32회 멸치의 꿈 104~106쪽

1. ④
2. ④
3. ① 메기, ② 가자미, ③ 꼴뚜기
4. 바닷물, 구름, 소금, 사계절

3. 제시문의 마지막 부분을 참고한다.
① 메기는 입이 크다.
② 가자미는 눈이 한쪽으로 돌아갔다.
③ 꼴뚜기는 눈이 꽁무니 쪽에 달렸다.

33회 찻주전자의 행복 107~109쪽

1. 찻주전자
2. ④
3. ②
4. ③
5. 아름다운 꽃을 길러 낸 것만으로도 가슴이
   뿌듯했기 때문에.
6. ③

3. ② 땜질: 금이 가거나 뚫어진 데에 다른 것을 대어
   막는 일.

6. ④가 이 글의 주제다. 이 글을 통해서는 ③을 느끼
   기 어렵다.

34회 마법 사과 110~113쪽

1. ②
2. ③
3. 포고문
4.

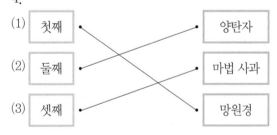

(1) 첫째	—	양탄자
(2) 둘째	—	마법 사과
(3) 셋째	—	망원경

5. ⑤
6. 막내
7. ①
8. ④

2. 외동딸: 다른 자식 없이 단 하나뿐인 딸.
   ① 맏딸: 둘 이상의 딸 가운데 첫째 딸.
   ② 고명딸: 아들이 많은 집의 하나뿐인 딸.
   ④ 수양딸: 남의 자식을 데려다가 제 자식처럼 기
   른 딸.
   ⑤ 손녀딸: '손녀'를 귀엽게 이르는 말.

8. ④ 막내의 마법 사과는 하나뿐이고 한 번 먹으면 없
   어지기 때문이다.

35회 지빠귀 부리 왕자 114~117쪽

1. ②
2. ⑤
3. ②
4. ⑤
5. ④
6. 공주의 거만한 행동을 고쳐 주려고.
7. 숲, 오두막집, 시장, 궁궐의 부엌
8. ⑤

2. ⑤ 단지: 목이 짧고 배가 부른 작은 항아리.

5. ④ 공주는 지난날을 후회할 뿐, 궁궐로 돌아갈 것을
   기다리지 않았다.
   ① 거만했던 성격이 겸손하게 바뀌었다.

7. 더 정확히는 다음과 같이 장소가 바뀌었다.
   궁궐 → 숲 → 들판 → 도시 → 오두막집 → 시장 →
   오두막집 → 궁궐의 부엌 → 결혼식장 → 문밖

8. ⑤ 공주는 사람들을 외모로 평가하여 비웃었다.

36회 장화 신은 고양이   118~121쪽

1.

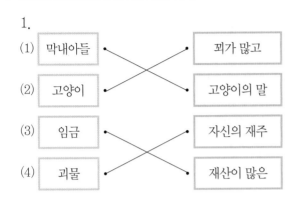

(1) 막내아들 — 고양이의 말
(2) 고양이 — 꾀가 많고
(3) 임금 — 재산이 많은
(4) 괴물 — 자신의 재주

2. ③, ④
3. ⑤
4. ②
5. ③ → ① → ④ → ⑤ → ②

37회 금강초롱   122~125쪽

1. 비로봉
2. ⑤
3. ①
4. 하늘나라의 계수나무 열매
5. ④
6. 바위에서 구슬을 꺼내어 하늘에
　비추었습니다.
7. ③
8. ②

7. ① 해바라기, ② 달맞이꽃

8. ② 옥토끼가 하늘 왕을 말렸는지 말리지 않았는지
는 제시문에 실리지 않았다.

38회 작은 새   126~129쪽

1. ④
2. ③ → ① → ② → ⑤ → ④
3. ②
4. 새, 그물
5. ③
6. 기쁨, 귀찮음, 걱정, 슬픔

39회 부자가 된 머슴   130~133쪽

1. ④
2. ④
3. ③
4. 구멍
5. ②
6. ②, ③
7. 머슴살이, 새끼줄, 복동이, 길동이, 엽전

2. ④ 광: 여러 물건을 넣어 두는 창고.

3. ① 복동이와 어울리는 말이다.

6. ④ 시의 특징이다.
　⑤ 우화의 특징이다.

1. ②
2. ①
3. ⑤
4. ③
5. ⑤
6. ④

4. ③ 글 앞부분의 "이건 당신의 시보다 더 알기 어려운 그림인데요."와 맨 마지막 부분의 "아빠는 '나무야 누워서 자거라'라는, 어렵고 긴 시를 정말 쓰기 시작했습니다."를 보면, 아빠가 '시인'이라는 것을 짐작할 수 있다.

1. 핀잔
2. ④
3. ③
4. ③
5. 자신들의 배 속에 있는 양초에 불을 붙이려는 줄 알고.
6. ⑤
7. 백어
8. ① → ⑥ → ③ → ④ → ② → ⑤
9. ⑤

4. ① 양초가 흔하지 않아 생긴 일이다.
   ② 옛날에는 지금만큼 고기가 흔하지 않았다.
   ③ 서울에 자주 갈 수 없었기에 기념품(양초)을 사 와서 마을 사람들에게 나누어 주었다.

9. ① 미운 사람일수록 잘 대해 주어야 뒤탈이 없다는 말.
   ② 자기는 하고 싶지 않지만 남에게 끌려서 덩달아 하게 됨을 이르는 말.
   ③ 일을 너무 벌여 놓거나 하던 일을 자주 바꾸면 성과가 없으니 어떠한 일이든 한 가지 일을 끝까지 해야 성공할 수 있다는 말.
   ④ 잘못을 저지른 사람이 오히려 남에게 성내는 것을 비꼬는 말.

42회 물고기들의 승리   142~145쪽

1. ③
2. 자유, 평화
3. ③
4. ①
5.

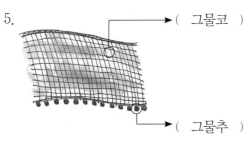

               →(그물코   )

               →(그물추   )

6. ⑤
7. (1) 잉어, (2) 뱀장어들, (3) 잉어들,
   (4) 칠성장어들
8. ④

5. 그물코: 그물에 뚫려 있는 구멍.
   그물추: 그물이 물속에 쉽게 가라앉도록 그물 끝에
   매다는 돌이나 쇠붙이.

43회 세 친구   146~149쪽

1. ③
2. 봉변
3. ④
4. 두 번째 친구
5.

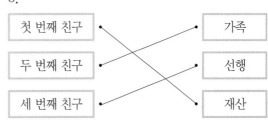

첫 번째 친구		가족
두 번째 친구		선행
세 번째 친구		재산

6. ④
7. ⑤
8. ②
9. ④

1. ③ 임금의 명령만 나올 뿐, 임금이 직접 등장하지는
   않는다.

9. ④ 〈흥부와 놀부〉에서 흥부는 제비의 부러진 다리
   를 고쳐 주는 '선행'을 해서 복을 받았다. 놀부는 동
   생을 내쫓았고, 제비 다리를 부러뜨리는 등 '악행
   (나쁜 행동)'을 저질러 벌을 받았다. 이렇게 선행을
   한 사람은 복을, 악행을 저지른 사람은 벌을 받는다
   는 것을 '권선징악(勸善懲惡)'이라고 한다.

44회 플랜더스의 개 150~155쪽

1. ③
2. ②
3. ⑤
4. ④
5. ①
6. ③
7. ①
8. ③
9. ②

4. ④ 코제츠는 처음에는 넬로를 싫어하고 괴롭혔지만, 넬로가 지갑을 찾아준 뒤에는 과거를 반성하고 넬로와 함께 살 것까지 생각했다.
이렇게 이야기 속에서 성격이 변하는 인물을 '입체적 인물'이라고 한다.

6. ③ ㉣을 통해 넬로가 루벤스의 그림을 볼 수 있었다.

7. ① 넬로의 천재성을 알아보고 왔다는 점에서 그림을 가르쳐 주러 왔다는 말이 가장 어울린다. 또 실제 〈플랜더스의 개〉에서도 이야기가 ①과 같이 마무리된다.

9. ② 파트라셰가 먼저 수레를 끌려고 했다.

45회 여름까지 산 꼬마 눈사람 156~160쪽

1. 여름
2. ②
3. ③
4. ①
5. ⑤
6. ③
7. ④
8. ①
9. ②
10. ③
11. ④

2. ② '유치원 선생님'을 통해 찬호가 유치원에 다니고 있음을 알 수 있다.

독해력 비타민